La Ruta de la Seda

Thomas O. Höllmann

La Ruta de la Seda

Alianza editorial
El libro de bolsillo

Título original: *Die Seidenstrasse*
Traducción de: Elena Bombín Izquierdo

Primera edición: 2008
Segunda edición: 2015
Quinta reimpresión: mayo 2025

Diseño de colección: Estrada Design
Diseño de cubierta: Manuel Estrada
Ilustración de cubierta: *Caravana de dromedarios en Shahur Tangi, entre Afganistán y Pakistán* © dpa / Corbis
Selección de imagen: Carlos Caranci Sáez

Reservados todos los derechos. El contenido de esta obra está protegido por la Ley, que establece penas de prisión y/o multas, además de las correspondientes indemnizaciones por daños y perjuicios, para quienes reprodujeren, plagiaren, distribuyeren o comunicaren públicamente, en todo o en parte, una obra literaria, artística o científica, o su transformación, interpretación o ejecución artística fijada en cualquier tipo de soporte o comunicada a través de cualquier medio, sin la preceptiva autorización.

© Verlag C. H. Beck oHG, München, 2004
© de la traducción: Elena Bombín Izquierdo, 2008
© Alianza Editorial, S. A., Madrid, 2008, 2025
 Calle Valentín Beato, 21
 28037 Madrid
 www.alianzaeditorial.es

PAPEL DE FIBRA
CERTIFICADA

ISBN: 978-84-206-9733-8
Depósito legal: M. 211-2015
Printed in Spain

Índice

11 Prólogo
14 Mapa: Vías principales de la ruta de la seda

17 1. Paisajes y rutas
17   Barreras naturales
22   Medios de transporte
27   Abastecimiento en lejanos países
31   Las principales rutas
35   La ruta marítima

41 2. Monjes piadosos y demonios extranjeros
42   Peregrinos budistas
47   Emisarios de la cristiandad
52   Viajeros musulmanes
54   Aventureros e investigadores

62 3. Lenguas e identidad
62   Testimonios antiguos
67   Barreras lingüísticas
69   Traductores e intérpretes
73   Prejuicios y estereotipos
75   Percepción propia y ajena

- 80 4. Estados y confederaciones
- 81   El «Hijo del Cielo»
- 85   La imagen de Dios
- 88   El gobernador de los creyentes
- 90   El dueño del mundo
- 93   Entre autonomía y despotismo

- 98 5. Comercio y tributos
- 98   Los mercaderes
- 101   Artículos de lujo chinos
- 106   Mercancías exóticas para el Imperio del Centro
- 111   Medios de pago
- 114   El tributo

- 120 6. Peregrinos y profetas
- 120   El budismo
- 125   Zoroastrismo y maniqueísmo
- 130   Judaísmo y cristianismo
- 133   El islam

- 138 7. Arte e ingenio
- 138   Monumentos de la fe
- 141   Medios de expresión artística
- 144   Minaretes y miniaturas
- 147   Papel e impresión
- 150   Transmisión de conocimientos

- 155 Petróleo y opio. Un epílogo sobre la situación actual

161 Bibliografía
169 Cronología
175 Índice onomástico

Prólogo

En el año 414 d. C., el monje chino Faxian regresó de un largo viaje que le había llevado a la India, a los lugares sagrados del budismo. Aparte de sus experiencias espirituales, tenía todo tipo de aventuras para contar, como las extremas dificultades en el Takla Makan:

No se ve un solo pájaro en el aire, ni animal alguno sobre la tierra. Cuando agotado dirige uno la vista en todas direcciones para hallar una ruta que lo atraviese, se busca en vano; los únicos indicadores del camino son los huesos calcinados de los muertos.

Quien en la Antigüedad y en la Edad Media viajara por la Ruta de la Seda había de disponer por lo menos de una capacidad para alcanzar la meta: la de valorar correctamente los riesgos, pero, llegado el caso, también la de desdeñarlos. Con mucha facilidad podía uno desorientarse en las montañas nevadas, en los inhóspitos desiertos o en los mares sin límites, y con demasiada frecuencia la empresa terminaba en muerte.

El autor, aunque discurre desde su segura mesa de trabajo, al abrigo de tormentas de arena y olas de frío, es evidente que en cierto modo también protagoniza una hazaña: el proyecto de resumir en poco más de cien páginas la historia de más de dos milenios de la que en otro tiempo fue la red comercial más extensa de la Tierra. El proyecto precisa la rigurosa concentración en algunos principios, y en consecuencia han de producirse recortes y simplificaciones radicales en otros terrenos. Por ello, muchos temas pueden ser tratados solo a título de ejemplo o no ser tratados en absoluto.

Se añade a esto que el autor –a diferencia de los conductores de caravanas en otro tiempo, que guiaban en general su convoy solo por terreno conocido– debe explorar también territorios con los que está menos familiarizado que con sus tierras de procedencia. Y en este caso, estas se hallan en China. De ahí resulta una cierta localización regional del centro de gravedad, pero por otra parte también la elección de una perspectiva que observa la Ruta de la Seda sobre todo desde Oriente. Según esto, habría sido deseable una inclusión mayor de Corea y Japón, pero se renunció a ello, como también a tratar de aquellos países que, vistos desde Asia, están al otro lado del mar Mediterráneo.

En la gigantesca red de caminos que se reúnen bajo la denominación de «Ruta de la Seda» se encuentran no solo los que discurren por tierra, sino también las rutas marítimas. Estas últimas no han quedado fuera de consideración en atención a las circunstancias históricas, pero han sido sacrificadas en cierta medida por razones prácticas. En todo caso, la argumentación no siempre ha podido orientarse con la necesaria exactitud a las cuestiones de espacio y a la sucesión cronológica de los acontecimientos. Solo mediante una cierta «incorrección» se ha podido llevar hasta el final una u otra idea al menos de forma complementaria, dada la extensión prefijada del libro.

También se han tenido que adoptar compromisos en la estructuración del texto. La transcripción de términos se rige en general por el *Duden* (como por ejemplo *hadj* para la peregrinación musulmana) y en cambio se da preferencia a la facilidad de lectura frente a la corrección científica (por ejemplo «Kosho» y no «Qočʼo»). Los signos diacríticos básicamente no se usan, y para los términos chinos se mantienen unas pocas excepciones, según el *Duden* (especialmente Pekín), por regla general de acuerdo con el sistema Pinyin (como en el caso de Xinjiang). Y finalmente, en la traducción de citas se ha atendido a que las expresiones fueran inteligibles y en algún caso se ha procedido a abreviarlas o simplificarlas. El marco histórico se transmite mediante un cuadro de cronología comparada que va al final del libro. La propuesta procede de Armin Selbitschka. A él deseo expresar mi agradecimiento por ello, así como a Desmond Durkin-Meisterernst, Waltraud Gerstendörfer, Sabine Höllmann, Shing Müller, Petra Rehder y Christine Zeile, que me han proporcionado de diversos modos consejo y apoyo.

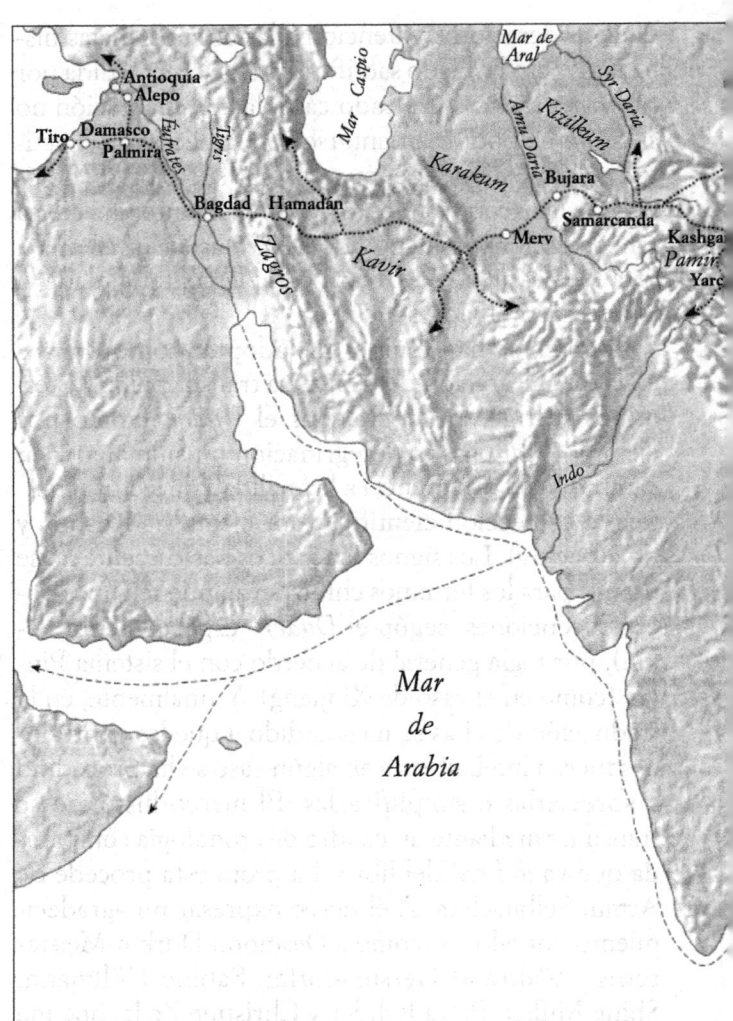

VÍAS PRINCIPALES
DE LA RUTA DE LA SEDA

1. Paisajes y rutas

El aspecto, la flora y la fauna de las regiones atravesadas por la Ruta de la Seda son muy ricos en contrastes y variedad de formas. Sobre todo dificultan la marcha escarpados y difíciles montes cubiertos de hielo y desiertos que parecen no tener fin. Se van alternando zonas caracterizadas por la sucesión de tórridos calores y fríos heladores.

Barreras naturales

Algunas de las cordilleras a las que hubo de hacer frente el recorrido de la Ruta hubieron de parecer en otro tiempo casi infranqueables. Paredes que se elevan verticales, pendientes sobre el abismo, gigantescos campos de cantos rodados y glaciares constituyen sin duda barreras que aún hoy inspiran respeto a los seres humanos; no pocas de las cumbres del Karakorum, del

Kuen-lun, del Hindu Kush, del Tian-shan y del Pamir alcanzan alturas superiores a los 7.000 metros. El Karakorum, que se une en el noroeste al Himalaya, cuenta además de otros tres ochomiles con el K2, la segunda cumbre más alta de la Tierra.

En general, las rutas discurren por debajo de las cumbres, pero la travesía de estas montañas supone enormes exigencias en cuanto a forma física, a espíritu y a planificación. Y es que los pasos, cubiertos de hielo y nieve durante muchas épocas del año, alcanzan alturas imponentes. Entre ellos están el de Karakorum (5.575 m, en la cordillera del mismo nombre), el de Khunjerab (4.733 m, también en dicha cordillera) y el de Torugart (3.752 m, en el Tian-shan).

Tan intransitables como las regiones alpinas eran, y siguen siéndolo, aquellas zonas en las que la aridez, condicionada por el clima, y la desertificación, causada en gran medida por la intervención humana, llevan a una escasez dramática de agua para consumo doméstico y a un deterioro continuo de la cubierta vegetal. Muchas mesetas, cuencas y depresiones del terreno tienen carácter árido o semiárido, y son parte integrante de una franja de sequedad que va del norte de África al este de Asia. Además se incluye aquí el desierto de Gobi, el segundo en extensión de la Tierra.

El Takla Makan constituye el centro de la cuenca del Tarim, enmarcada al norte, al oeste y al sur por altas cordilleras; es el segundo desierto de arena de la Tierra por su extensión; alrededor del 85% de su superficie son dunas móviles, que pueden alcanzar una altura de más de 200 metros, y dan al paisaje un aspecto pinto-

	Localización	Máxima elevación
Karakorum	Pakistán India China	K2 (8.611 m)
Kuen-lun	China	Kongur (7.719 m)
Hindu Kush	Pakistán Afganistán	Tirich Mir (7.690 m)
Pamir	Tayikistán Kirguizistán	Pik Samani (7.495 m)
Tian-shan	China Kirguizistán	Pik Pobeda (7.439 m)
Cáucaso	Rusia Georgia Armenia Azerbaiyán	Elbrús (5.642 m)
Zagros	Irán	Zard Kuh (4.548 m)
Altái	Rusia Kazajistan Mongolia China	Belucha (4.506 m)

Cuadro 1. Cordilleras en la zona de la Ruta de la Seda (selección).

resco. El índice de precipitaciones anuales suele estar por debajo de 50 mm, y sin otras aportaciones de agua no es posible poner en marcha explotaciones agrícolas. Los numerosos ríos, que se alimentan del deshielo de las regiones montañosas de alrededor, se secan en general relativamente pronto, una vez que han alcanzado la llanura; con temperaturas que en verano están a menudo por encima de los 60°, los índices de evaporación y escorrentía son sencillamente demasiado altos. Además, sobre todo entre mayo y agosto aparecen las temidas tormentas de arena y de polvo, que, de preferencia por la tarde, pueden alcanzar una velocidad de más de 20 metros/segundo y amenazan la vida de hombres y animales.

La arena, que el viento transporta en el Takla Makan a grandes distancias, es amarilla, gris o marrón según la región. En el Karakum y en el Kizilkum, en cambio, presenta un tono negro o rojo, circunstancia a la que hay que atribuir la denominación de ambos desiertos (en turco, *kara* significa «negro»; *kizil*, «rojo», y *kum*,

	Localización	Tipo (primario)	Superf. (aprox.)
Gobi	China Mongolia	Desierto de piedra Desierto salado Estepa	2.000.000 km²
Takla Makan	China	Desierto de arena	340.000 km²
Karakum	Turkmenistán	Desierto de arena	3030.000 km²
Kizilkum	Kazajistán Uzbekistán Turkmenistán	Desierto de arena	300.000 km²
Desierto sirio	Siria Irak Jordania Arabia Saudí	Estepa Desierto de piedra	260.000 km²
Kavir y Lut	Irán	Desierto salado Desierto de arena Desierto de piedra	235.000 km² (en conjunto)

Cuadro 2. Zonas secas en la Ruta de la Seda (selección).

«arena»). El Karakum llega a estar, además, a 81 m bajo el nivel del mar; la Ruta de la Seda alcanza su punto más bajo en la fosa de Turfán, que con 154 m por debajo del nivel del mar, es la segunda depresión de la Tierra por su profundidad.

Si en general los veranos están caracterizados en las zonas secas por calores abrasadores, los inviernos se distinguen por las rigurosas heladas. Las temperaturas alcanzan los –35° en el Gobi, y hasta –40° en el Karakum. La *Canción de la nieve,* escrita por Cen Can en el siglo VIII, describe las inclemencias del tiempo, que con frecuencia trae consigo olas de frío que a menudo empiezan ya en septiembre. Muy expresivamente describe el funcionario chino las impresiones –reproducidas a continuación– que tuvo durante su servicio en las plazas militares del límite norte de la cuenca del Tarim:

> Cuando el viento del norte hace surcos en el suelo
> se humillan las hierbas de la estepa.
> En cuanto irrumpe el otoño,
> avanza la nieve por la tierra de los bárbaros.
>
> El calor que proporciona la piel del zorro ya no basta
> y muy fina resulta la cubierta de brocado.
> Profundo en el abismo se hiela el desierto,
> las nubes forman poderosas barreras.
>
> En el crepúsculo se arremolinan espesos los copos,
> la nieve se agita junto a las puertas.
> A la sacudida de la tormenta resisten
> los rojos estandartes, rígidos por el hielo.

Junto a las nevadas, a las avalanchas y a las tormentas de arena y barro, los terremotos representan un gran peligro para la vida. En amplios tramos, la Ruta de la Seda atraviesa aquellas partes de Asia en las que tienen consecuencias muy graves los movimientos sísmicos desencadenados regularmente por temblores producidos en los bordes de las placas tectónicas. Así, en la década de 1920, dos terremotos en las provincias de Qinghai y Gansu, en el noroeste de China, alcanzaron una intensidad de 8,3 y de 8,6 en la escala de Richter y causaron más de 400.000 muertos. A lo largo de la historia, siempre ha llegado a decenas de miles la cantidad de víctimas causadas por catástrofes semejantes en Turkmenistán, Irán (recientemente en el 2003, con epicentro en la antigua ciudad comercial de Bam), Siria y Turquía.

Medios de transporte

Carreteras magníficamente construidas fueron una de los características más destacadas de la ciudad en la China imperial, e incluso antes. Pero las avenidas terminaban por lo general a pocos kilómetros de la ciudad y se convertían relativamente pronto en caminos difíciles en los que resultaba penoso abrirse paso con carros y carretas. En el noroeste del imperio, en particular, la topografía y la logística no permitían la construcción de vías adecuadas para transportes pesados, pero esto no significa que se arredraran y no hicieran importantes construcciones. Precisamente en las montañas había caminos hechos con considerable esfuerzo, algunos tramos de los cuales habían sido excavados como galerías en la roca o se habían fijado a la misma con ayuda de troncos y de cadenas. A pesar de ello, eran innumerables los lugares angostos, imposibles de atravesar por transportes grandes y yuntas de tiro.

En cambio, en otras regiones, especialmente en la estepa y en el desierto, muchas veces se renunciaba a la pavimentación, y el trazado del camino solo era reconocible para guías expertos. Los viajeros con menor conocimiento se orientaban en el mejor de los casos «por los huesos calcinados de los muertos como señales del camino», por usar una frase del monje Faxian, que a principios del siglo v atravesó el Takla Makan. Las vías empedradas, que no solo tenían importancia local, únicamente se volvían a encontrar en las regiones situadas entre el mar Caspio, el golfo Pérsico y el mar Mediterráneo, que en otro tiempo habían formado parte de la ejemplar red viaria del Imperio romano.

Hasta avanzado el siglo XX fue el camello el animal de carga dominante en la Ruta de la Seda. En la parte occidental se empleaba el dromedario, de una sola joroba, y en cambio en el este, el camello, de dos. Solo este último animal se adapta a las temperaturas extremadamente bajas que durante muchos meses registran las regiones alpinas del otro lado del Sir Daria, y al mismo tiempo es extraordinario también para su empleo en el desierto: sus pies de plantas callosas con almohadillas entre los dedos impiden que se hundan en las dunas, mientras que las largas cejas y las ventanas

Figura 1. Hitos en el camino formados por huesos de animal en el Gobi. (Fotografía de 1934)

de la nariz que se pueden cerrar les protegen de las inclemencias de las tormentas de arena.

En cuanto a su alimentación, este imponente animal es frugal; en general, le bastan hierbas secas y ramas, y sus gibas son depósitos de energía considerables. Gracias a su capacidad para adaptar la temperatura corporal a las condiciones exteriores, necesita relativamente poca agua, pero puede beber en pocos minutos más de 100 litros para reponer la pérdida después de una larga abstinencia. Con una carga de unos 250 kilos y una jornada diaria de unos 30 kilómetros, el camello logra pasar hasta dos semanas sin bebida, incluso durante los periodos de calor.

En relación con su peso corporal, los asnos pueden beber cantidades mayores aún en menos tiempo para reponer la pérdida de agua. Además de lo útil que es en el desierto, también su tolerancia al frío y la distancia diaria que recorre son similares a las del camello. En todo caso, la carga que transporta en etapas más largas es alrededor de la mitad que la del camello, aunque no por ello hay que subestimar en modo alguno la importancia que tuvo el asno para el transporte de mercancías en la Ruta de la Seda.

Por su característica seguridad en la marcha, su paciencia y su falta de miedo, son especialmente apropiadas para la alta montaña las mulas (cruce de asno y yegua o de caballo y burra), igualmente sobrias, y los mulos (cruce de caballo y burra o de asno y yegua). Asimismo el empleo del yak resulta práctico muchas veces en estas zonas. El uso del caballo, en cambio, es bastante limitado en regiones en las que las condiciones climáticas y las barreras naturales dificultan la marcha. En el comercio de larga distancia, al contrario de lo que sucede con los correos, por ejemplo, la resistencia y la sobriedad son más importantes en general que una mayor velocidad en poco tiempo. Mayores aún son las restricciones para los elefantes, a veces representados como animales de carga en pinturas murales antiguas. Su empleo regular en el transporte de mercancías es improbable en la mayoría de las regiones.

Aunque algunas fuentes transmiten otra impresión, no se debe pasar por alto que durante las largas etapas

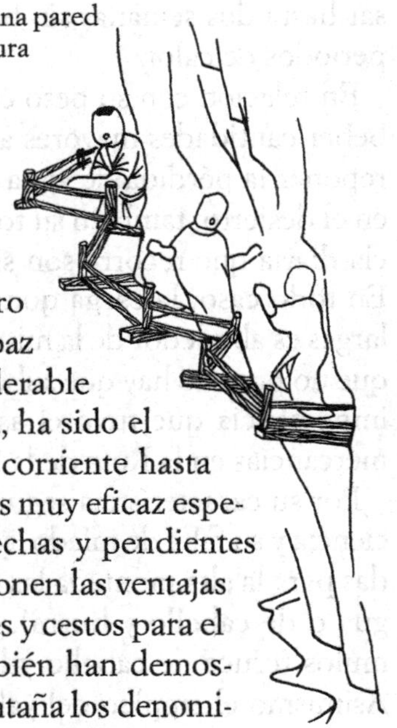

Figura 2. Escala de madera en una pared de roca. (Dibujo según una pintura mural de Dunhuang).

la mayoría de los animales de las caravanas se conducen pero no se usan como montura. Tampoco se puede perder de vista otro factor: el ser humano es capaz de cargar también considerable peso y, al menos en China, ha sido el medio de transporte más corriente hasta bien entrado el siglo XX. Es muy eficaz especialmente en sendas estrechas y pendientes escarpadas, donde se imponen las ventajas de usar cuerdas, armazones y cestos para el transporte. Además, también han demostrado su utilidad en la montaña los denominados «bueyes de madera» *(muniu),* unas carretillas en las que la superficie de soporte está fijada sobre y junto a la rueda. Los animales que han dado el nombre a este vehículo, sin embargo, no tienen ninguna oportunidad en terrenos sin caminos. Solamente en vías amplias y bien pavimentadas puede sustituirse con ventaja por la gran fuerza de tracción que caracteriza a la yunta de bueyes.

Durante el siglo XX, el automóvil fue sustituyendo poco a poco a los animales de carga y arrastre en la mayoría de las regiones. Al menos en Europa fue muy considerada en este aspecto la *Croisière Jaune* («marcha amarilla»), muy orientada al recorrido de la Ruta de la Seda, que en 1931 comenzó en Beirut y al año siguiente alcanzó Pekín. Ya en 1908, mucho antes de que los todoterreno de Citroën compitieran públicamente por el desierto, el geógrafo alemán Martin Hartmann había reclamado «que se considerara la introducción de tractores automóviles» para impulsar la apertura del «Turkestán chino».

Abastecimiento en lejanos países

Los centros culturales y políticos de Asia oriental, central y occidental estaban a menudo junto a corrientes fluviales o cerca de ellas. Tres ejemplos destacados bastarán aquí como prueba: *1)* el Wei y el Huanghe, a cuyas orillas estaban las metrópolis de Chang'an y Luoyang, que durante mucho tiempo se alternaron como sede de la corte imperial china; *2)* el Amu Daria y el Sir Daria (antiguamente denominados, Oxus y Yaxartes respectivamente), en otro tiempo fronteras de Sogdiana; y *3)* el Éufrates y el Tigris, los que dieron nombre a Mesopotamia, dominada por Bagdad desde el siglo VIII.

En el dominio de la Ruta de la Seda, sin embargo, no hubo algo análogo a la densa red de ríos, lagos y canales de la que se disponía en el sur de China para el transporte de pesadas cargas. La ruta principal seguía rara vez las grandes corrientes fluviales, y solo tramos relativamente cortos transcurrían a orillas del Wei, el Sir Daria y el Éufrates. Junto al valle del Indo, que servía para desviarse hacia el sur de Asia, era mucho más importante seguir la orientación del Tarim, que abarcaba el Takla Makan al norte y al este. Con 2.179 km, es hoy el segundo río de la Tierra en longitud. Por más que pueda parecer muy violento y salvaje cuando en primavera se funden el hielo y las nieves del Tian-shan, en general transmite una impresión de relativa lentitud.

Sin embargo, el Tarim no es suficiente para la continua irrigación de oasis mayores a causa de las elevadas temperaturas del verano. Para un abastecimiento adecuado se sirven de un sistema que se ha conservado desde la Antigüedad en extensas partes de Asia occidental y central, y que también es conocido en los oasis de la cuenca de Tarim chino con dos denominaciones, que proceden del persa *(kariz)* y del árabe *(qanat)*. Consiste en canales excavados bajo tierra que trasladan el agua, usando la corriente de pie de monte, a las superficies de cultivo, sin que llegue a ser muy elevada la pérdida por la evaporación y las filtraciones.

Las graves consecuencias que puede traer consigo una extracción de agua desmedida y carente de planificación se muestran muy claramente en la situación de la llanura del mar Caspio-Turanio, sin afluentes, en los territorios de Rusia, Azerbaiyán, Irán, Turkmenistán, Kazajistán y Uzbekistán. Además del mar Caspio, el de Aral está especialmente afectado por un nivel de lluvias en descenso que origina así su reducción y su salinidad: una catástrofe ecológica no solo para los peces, sino para toda la población del entorno.

El abastecimiento regular de agua potable y alimentos debió de considerarse con seguridad una de las necesidades más importantes de los viajeros. En las zonas secas, en consecuencia, era condición esencial para la

Figura 3. Trabajos agrícolas en un oasis en el borde del Takla Makan. (Dibujo según una pintura mural de Dunhuang).

supervivencia una distancia no demasiado grande entre los oasis; además, en cualquier caso, era grato planear estancias en lugares que permitían esperar unos suministros satisfactorios para hombres y animales, así como una posibilidad de pernoctar de forma medianamente confortable. Desde el punto de vista de la logística, esto constituía también un gran desafío, sobre todo cuando el convoy abarcaba varios cientos de personas y varias clases de animales de carga.

En las zonas de cultura islámica, los caravasares eran los primeros en proporcionar un alojamiento adecuado; se trataba de albergues asegurados por firmes muros y pesadas puertas, en los que las casas se agrupaban por lo general en torno a un patio en cuyo centro se encontraba la fuente. Estos complejos, muchas veces de varios pisos, solían disponer también de espléndidos comedores, además de dormitorios, y de amplios almacenes y lonjas. A veces resultaba verdaderamente monumental la arquitectura del edificio en el que estaban colocadas las cuadras, y en cambio, la decoración de la mezquita, en tanto que integrada en el conjunto, resultaba bastante modesta.

En los caravasares no solo se ofrecía la posibilidad de descansar y reponer las provisiones, sino que había ocasión para reclutar guías e intérpretes, cambiar animales de carga y monturas, reparar arreos y materiales, además de poder realizar las más diversas transacciones, como entregar las mercancías traídas al socio comercial o venderlas. Y, aspecto importante, proporcionaban un foro para el intercambio de experiencias y novedades.

Lo mismo puede decirse de las posadas que bordeaban aquellos caminos que atravesaban el Imperio del Centro, aunque aquí parece que los controles por parte de la autoridad eran algo más estrictos. Si bien eran accesibles también para otros viajeros con la correspondiente licencia, básicamente servían para proporcionar alojamiento y alimentos a funcionarios en viaje oficial; de ahí que a menudo dispusieran incluso de celdas para encerrar, llegado el caso, a presos conducidos en el convoy. En las inmediaciones de estas posadas oficiales surgieron con frecuencia albergues administrados de manera privada, utilizados al mismo tiempo por correos, que solían ofrecer escasas comodidades, y pequeños mercados en los que se vendían productos necesarios para el viaje. Por otra parte, era muy frecuente alojarse en casa de socios, y no solo los peregrinos podían acudir a los albergues o monasterios que se encontraban en la ruta.

Aun en tiempos en los que China estuvo caracterizada por una mayor apertura, se veía a los viajeros de tierras lejanas con cierto recelo, por ello, en Chang'an y Luoyang –ciudades que funcionaron alternativamente como capital y punto de partida de la Ruta de la Seda entre las dinastías Han y Tang– la administración competente les asignaba alojamientos, bien restringidos a un determinado barrio, bien en un lugar cercado fuera de las puertas de la ciudad. Ni siquiera un apasionado entusiasmo por las mercancías y costumbres exóticas impedía que las condiciones de vida de los extranjeros estuvieran dificultadas por todo tipo de restricciones, desde disposiciones respecto a la vestimenta hasta prohibición de matrimonios.

Las principales rutas

Con independencia de la organización política del territorio según las épocas, de las concentraciones de poder militar y de las divisiones culturales, la vía más importante de la Ruta de la Seda puede dividirse en varios sectores sucesivos, definidos con ayuda de criterios geográficos. De este a oeste son: *a)* el valle del Wei; *b)* el corredor del Hexe; *c)* el Gobi y el Takla Makan; *d)* las montañas que concurren en el nudo de Pamir; *e)* la depresión turania; *f)* el altiplano iranio; *g)* Mesopotamia, y *h)* el desierto sirio con accesos al mar Mediterráneo.

a) Punto de partida de esta ruta es la antigua ciudad imperial de Chang'an (hoy Xi'an), desde donde sigue el río Wei hacia el oeste, y pasa por las ciudades de Baoji y Tianshui. Después de dejar el valle, que primero hace un pliegue hacia el norte, hay que ascender algunas estribaciones montañosas antes de alcanzar la ciudad de Lanzhou, situada junto al Huanghe.

b) Desde aquí, el pie del Nan-Shan en el este y el límite occidental de la meseta de Alashan determinan la orientación. Entre ambos, el fértil corredor del Hexe (con las ciudades de Wuwei, Zhangye y Jiayuguan) permite el paso hacia el noroeste, acompañado en gran medida por la Gran Muralla china.

c) Después de llegar al Gobi, el camino se bifurca en Anxi en una ruta meridional y otra septentrional: la primera sigue en general –paralela al Kuen-lun– el borde sur del Takla Makan (por Dunhuang, Khotan y Yarcand); la segunda, en cambio, transcurre, después de atravesar el Gobi, entre el Tian-Shan y el extremo norte del Takla Makan (por Hami, Turfán, Kucha y Aksu). En Kashgar se unen otra vez las dos rutas para evitar el desierto.

d) La travesía del Pamir, cubierto de grandes glaciares, y de los bordes occidentales del Tian-Shan solo es recomendable en los meses de verano para tener las mínimas pérdidas de hombres y animales. La meta es la cuenca del Fergana, hoy en su mayor parte perteneciente a Kirguizistán, donde los ríos alimentados por el hielo y la nieve de las montañas logran que dominen condiciones de vida favorables a pesar del escaso volumen de precipitaciones.

e) Desde aquí, la ruta se orienta primero al curso superior del Sir Daria, pero a continuación gira directamente hacia el oeste hasta encontrar las ciudades uzbecas de Samarcanda y Bujara en la depresión turania. Después de cruzar el Amu Daria, alcanza la Merv (Mary) turkmena en el borde meridional del desierto de Karakum.

f) En las tierras altas iranias, en un principio transcurre la Ruta de la Seda por un extremo, entre las montañas limítrofes del norte y el cinturón desértico, cuyo mayor ejemplo es el del Kavir. Cada escala se halla en una cadena de oasis, abastecidos de agua por ríos de montaña y galerías subterráneas *(kariz, qanat)*. Al oeste de Hamadán atraviesa finalmente la cadena montañosa de Zagros.

g) El Éufrates y el Tigris riegan la fértil llanura de Irak, cuyo centro político es Bagdad. Está situada al pie del Zagros, en la parte occidental. La ruta continúa por el valle del Éufrates y atraviesa un territorio árido situado al oeste de los canales de irrigación.

h) El paso hacia el desierto sirio tiene lugar casi imperceptiblemente. De allí parten diversos caminos (durante la dominación romana Palmira era el nudo principal) hacia Damasco y Alepo. Antes de alcanzar el Mediterráneo en Antioquía (la actual Antakya, en el extremo meridional de Turquía) o Tiro (Líbano), hay que atravesar las cadenas montañosas que corren paralelas a la costa.

Es evidente que el litoral mediterráneo no constituye el final abrupto de la ruta este-oeste aquí descrita. Antes bien, el eje comercial de esta ruta marítima permite la unión con la mayoría de las zonas del mundo mediterráneo: con las ciudades portuarias del norte de África, que al menos indirectamente están en contacto con los centros comerciales al sur del Sahara, así como con los distintos países del sur de Europa, que a su vez se relacionan con las regiones al norte de los Alpes. En dirección este puede observarse de modo análogo una prolongación de la Ruta de la Seda hacia Corea y Japón.

Además se desgajan regularmente de la ruta principal ramales que unen comarcas situadas muy lejos, al norte o al sur. Para citar solo algunos ejemplos, al menos a trechos algunos caminos llevaban:

- del valle del Wei hasta Myanmar y el golfo de Bengala a través de las provincias de Sechuán y Yunnan, en el suroeste de China;
- del extremo meridional del corredor del Hexe en dirección oeste hacia Qinghai, y siguiendo desde allí hacia las tierras altas tibetanas;
- de la cuenca del Tarim, a través de los pasos del Pamir y el Karakorum y de los valles del Hunza y del Indo hacia Pakistán (con acceso al mar de Arabia), Afganistán e India;

- desde Turán *a)* bordeando el norte del mar Caspio hasta el mar Negro; *b)* paralelamente al extremo septentrional del Tian-shan, hasta los desiertos y estepas de Mongolia;
- de las tierras altas iranias *a)* hacia el noroeste, a la región que pertenece a Azerbaiyán, Armenia y Georgia, entre el mar Caspio y el mar Negro; *b)* hacia el sur, a las ciudades portuarias del golfo Pérsico.

Pero además también pueden conectarse con esta gigantesca red comercial, a la que la literatura llamó «Ruta de la Seda», muchas otras rutas en las que se ha impuesto la denominación según las distintas mercancías que por ellas transcurrían; entre ellas está la «Ruta de la piel», que parte de Siberia hacia el sur, la «Ruta del incienso», que tiene su origen en el sur de Arabia, y la «Ruta del ámbar», que se inicia en el Báltico.

La ruta marítima

Desde la Antigüedad, el transporte por mar ha representado una auténtica alternativa, y no solo en los tiempos en que las conexiones terrestres estaban interrumpidas. A semejanza de la cadena que cada caravana formaba, en general era solo un barco o una flota el que controlaba una parte de la enorme red de rutas mediante la que se salvaban las distancias del océano Índico. Esto requería muchas paradas intermedias con un constante transbordo de carga y pasajeros. En los puertos por los que pasaban generalmente se embarcaban nuevos marineros, conocedores de las aguas de la región, que asumían la responsabilidad de la continuación del viaje.

Los primeros de los que hay constancia de que atravesaron todo el océano Índico fueron los persas y los árabes. En un principio eran comerciantes en su mayoría los que afrontaron los peligros que traía consigo una travesía del mar. No se trataba solo de tormentas mortíferas, corrientes peligrosas y profundidades traicioneras, sino también de insidiosas asechanzas y epidemias mortales. Pero la capacidad de transporte, enorme en comparación con la de bestias de carga y arrastre, prometía ganancias incomparablemente mayores. Los barcos que fletaban, hoy reunidos bajo la denominación suahili de *dhou,* llevaban hasta tres mástiles con velas de forma trapezoidal o triangular. La quilla, las rodas y los estraves constaban de un madero, y la cubierta del barco estaba perfeccionada en la técnica de los rodillos, de tablones cuyas partes más largas se imbricaban directamente sin solaparse.

El ritmo de los viajes estaba determinado esencialmente por las condiciones eólicas: en verano se avanzaba hacia el norte y el este con el monzón del suroeste a la espalda; en los meses de invierno, en cambio, navegaban hacia el sur y el oeste, a favor del monzón nororiental. Además de la observación del cielo estrellado, para una orientación correcta se llevaba a cabo un estudio profundo de los libros de viajes, que junto con tablas astronómicas trataban también de la situación local de los vientos, de las corrientes y de la profundidad de las aguas.

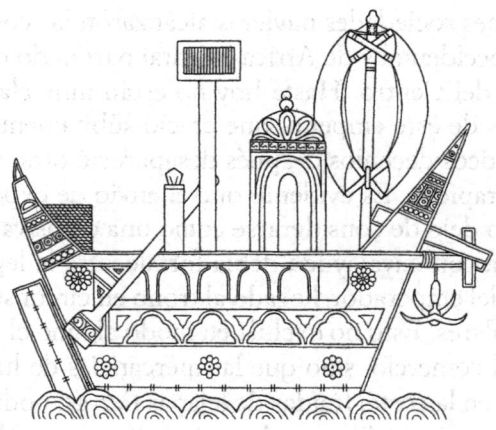

Figura 4. Nave árabe. (Dibujo según una miniatura iraquí del siglo XIII).

Es de suponer que estas difíciles condiciones de los viajes moverían a los mercaderes árabes y persas a establecerse por bastante tiempo en el país anfitrión. El punto culminante de su presencia en el Imperio del Centro se alcanzó durante los siglos VIII y IX, cuando en algunas ciudades portuarias, particularmente en Cantón, surgieron auténticas «colonias», donde los musulmanes allí asentados llevaban a cabo sus negocios. Y viceversa, también algunos mercaderes chinos se establecieron en el extranjero, sobre todo en los más importantes lugares de transbordo del Sudeste Asiático; algunos lo hicieron con mucho éxito, sobre todo cuando lograban tejer una red apoyada en relaciones de parentesco y lealtad personal.

Sin embargo, no se llegó a mayores actividades a escala nacional hasta comienzos del siglo XV, cuando enormes sociedades navieras alcanzaron las costas de Asia occidental y de África oriental partiendo del Imperio del Centro. Hasta hoy no están muy claras las causas de este empeño, que creció súbitamente pero que pocos decenios después desapareció otra vez con igual rapidez. Es evidente que el envío de expediciones no dejó de considerarse como una ofensiva diplomática con cuya ayuda debía fortalecerse la legitimación del emperador, llegado al trono en circunstancias irregulares. Esto no excluía en modo alguno el interés por el comercio, sino que las mercancías de lujo que había en la corte, traídas de lejanas tierras, podían declararse como tributo, y de este modo ser consideradas una confirmación del mandato divino.

Para la planificación de las primeras etapas, y a causa de la sucesión de los monzones, se daba un plazo relativamente fijo de salida: la época en torno al comienzo del año. Desde Nanking, la flota seguía el Yangtsé corriente abajo, hacia la costa china oriental, en la que hacía varias escalas antes de llegar a alta mar. El primer lugar de escala en el extranjero era por lo general Champa, en el centro de Vietnam. Después ponían rumbo a Surabaya, en Java, desviándose posiblemente a Siam (Tailandia). En Java, la espera del monzón obligaba con frecuencia a una estancia bastante larga. Finalmente, se continuaba el viaje hacia Palembang, en Sumatra, y hacia Malaca, en la península Malaya. Desde allí se podía poner rumbo a Ceilán (Sri Lanka), bien directamente o dando un rodeo por las islas Nicobar y Andamán y por Bengala. El punto final de las primeras cuatro expediciones fueron las metrópolis comerciales de Cochín y Calicut, en la costa suroeste de la India.

Si estas empresas se restringieron aún al mundo conocido en la corte china, los tres viajes siguientes encontraron horizontes amplios y nuevos. Por el mar de Arabia se seguía viaje hacia Ormuz, a la entrada del golfo Pérsico; después, a lo largo de la costa oriental de la península de Arabia hasta Adén, se entraba en el mar Rojo y se fondeaba en Yedda, desde donde los musulmanes se dirigían a La Meca, situada en el interior. Y finalmente se ponía rumbo a la península de Somalia y se navegaba hacia el sur, hasta Malindi, en la actual Kenia. La vuelta se realizaba por la misma ruta aprovechando los vientos en dirección inversa.

Para la orientación en las regiones conocidas se podía emplear abundante material cartográfico. La determinación de la posición se realizaba en primer lugar con ayuda de las estrellas y, sobre todo si había mala visibilidad nocturna, con la del compás magnético, desarrollado por los chinos y empleado en el mar desde el siglo XII. Sin embargo, era natural que se recurriera siempre a pilotos locales cuando lo exigían unas circunstancias naturales difíciles o un conocimiento insuficiente de la zona.

Según las fuentes, para la primera expedición en el año 1405 se fletaron más de 300 barcos; de ellos, 72 estaban exclusivamente destinados para el transporte de mercancías; tenían 9 mástiles, una longitud de unos 100 metros aproximadamente y una tripulación de 500 hombres cada uno. Una buena flota si la comparamos con el pequeño grupo de carabelas con las que en 1517 los portugueses aparecieron por primera vez en la costa meridional de China. Por otra parte, el dominio marítimo del Imperio del Centro solo era un mito, mientras que la expansión europea en Asia oriental no se realizó hasta pasados unos siglos.

Tras el establecimiento de las grandes compañías comerciales nunca fue posible a los extranjeros ejercer un control completo del flujo de mercancías de Asia, y una parte no despreciable del negocio del transporte permaneció en manos de mercaderes del país, cuyo radio de acción iba mucho más allá de su región de origen, abarcando incluso el ámbito de las islas indonesias, la zona costera del sur de la India o la península de Arabia. Algunos grupos fueron empujados a la ilegalidad. En general, «piratería» era solo un término tópico con el que se desprestigiaba a la competencia, pero la rapiña y el rapto de personas no eran a veces solo meras imputaciones, sino una profesión conocida por su evidente brutalidad; un oficio que, por lo demás, vuelve a gozar hoy en algunas zonas del océano Índico de un enorme potencial y del correspondiente incremento.

2. Monjes piadosos y demonios extranjeros

El origen de la Ruta de la Seda puede fecharse solo en parte. Es seguro en todo caso que su existencia no puede remontarse a un acto de planificación concretable en el espacio o en el tiempo, sino al enlace paulatino de caminos de una red ya existente. Por ello, cada tramo no se puede remontar a igual lejanía en la historia, y a menudo sus inicios solo pueden reconstruirse con ayuda de datos arqueológicos.

Por otra parte, es frecuente que largas discusiones y complejas interpretaciones historiográficas difícilmente expliquen por qué la tradición reduce los orígenes de la ruta a las acciones de pioneros. A Zhang Qian se le tiene en China por el «padre» de la Ruta de la Seda. Era un enviado imperial que se dirigió dos veces hacia el oeste (en 138 y 115 a. C.) con su carga en busca de socios para una alianza militar, llegando hasta el valle del Fergana y el curso alto del Amu Daria. Aunque no logró el pretendido pacto, las informaciones que recogió tuvieron el efecto de desplazar con más fuerza el punto de mira de la corte a las regiones limítrofes con el Takla Makan y más allá del Pamir.

Tal vez fuera realmente Zhang Qian el primer chino que llegó a Bactriana, una región hoy limítrofe de Uzbekistán, Tayikistán y Afganistán, pero no es seguro; lo más probable es que fuera el primer representante oficial de su estado en llegar a aquella zona. Por eso su relato se abrió paso en la historia cortesana y representa a su vez el punto de partida de una larga cadena de tradiciones, siempre enriquecidas con ayuda de la fantasía y la fabulación.

En épocas posteriores, la mayoría de los viajeros no se mostró necesariamente dispuesta a transmitir sus impresiones a sus contemporáneos o a la posteridad. Las personas que a continuación englobamos en cuatro grupos son más bien la excepción, y su importancia no se debe en último término a los testimonios escritos que transmitieron; tampoco reflejan el espectro completo de posibles motivos por los que se dirigieron a estas tierras lejanas ni cubren toda la historia.

Peregrinos budistas

El budismo, que probablemente llegó a China durante el siglo I d. C., había ido aumentando continuamente su influencia, sobre todo en las ciudades del Imperio, pero aún estaba lejos de proporcionar una visión completa del mundo. Demasiado incoherentes eran las doctrinas que transmitían las diferentes escuelas budistas. Por ello, y para legitimar sus propios rituales, los monasterios consideraron oportuno enviar monjes a aquellos lugares de culto de Asia central y oriental en los que se seguía una tradición que se consideraba más pura; y sobre todo lo más importante era que trajeran consigo el mayor número posible de escritos sagrados –y también alguna reliquia–. Hacia finales del siglo v las actividades viajeras aumentaron claramente, y unidas a ellas, las estancias de varios años en la India para estudiar.

El primer monje de cuyo viaje a la India hay información detallada por sus propias descripciones es Faxian, que en el año 399 se puso en camino con sus acompañantes partiendo de Chang'an. Al principio viajó por el corredor del Hexe, siguiendo la Ruta de la Seda habitual; luego se vio obligado a dar considerables rodeos con temerarias travesías del desierto porque la ruta sur a lo largo del Takla Makan ya no era transitable en parte. La travesía de las montañas que siguió

Nombre de los monjes	Viaje de ida (partida)	Viaje de regreso (llegada)
Faxian	Ruta terrestre (399)	Ruta marítima (414)
Zhimeng	Ruta terrestre (404)	Ruta terrestre (424)
Songyun, Huisheng	Ruta terrestre (518)	Ruta terrestre (521)
Xuanzang	Ruta terrestre (629)	Ruta terrestre (645)
Yijing	Ruta marítima (671)	Ruta marítima (695)
Wukong	Ruta terrestre (751)	Ruta terrestre (790)

Cuadro 3. Peregrinaciones chinas a los más importantes centros del budismo (selección).

hubo de ser un extraordinario esfuerzo físico y mental para él, que para entonces había superado hacía tiempo los sesenta años. Al otro lado del Karakorum alcanzó el valle del Indo y después el Ganges. En Pataliputra (Patna) pasó cerca de tres años. Por fin logró llegar en barco desde Bengala hasta Ceilán y de allí, por Sumatra, de nuevo a China, donde sin demora se puso a traducir los escritos con los que había regresado ¡y además a escribir las observaciones hechas en su viaje de quince años! A pesar de algunos prejuicios y elementos ficticios –como la mención de un dragón que reaccionaba a las provocaciones con tormentas de nieve y arena–, su relato es una de las fuentes más importantes para la reconstrucción de las condiciones de vida que reinaban en aquel tiempo en la mitad oriental de Asia. El epílogo de su obra, debido a una pluma ajena, cuenta en pocas palabras el motivo de su peregrinación –y tal vez incluso la esencia de su vida–. De este modo, Faxian tiene derecho a afirmar:

> Cuando vuelvo la vista a mis experiencias, comienza mi corazón a latir y empiezo a sudar. Expuesto a constantes peligros, nunca me cuidé, ya que tenía ante los ojos una meta clara que perseguía impertérrito y de la que nada podía apartarme. [Y ello a pesar] de la muerte, casi inevitable a causa de los innumerables riesgos, y de que la esperanza [de lograr el regreso sano y salvo] pareciera muy pequeña.

Pero pocas veces llegó a estar realmente desesperado el piadoso peregrino. Incluso en situaciones excepcio-

2. Monjes piadosos y demonios extranjeros

nales, como en el terrible percance en medio de un tifón en el mar de la China Meridional, siempre le quedó la oración y la invocación a Guanyin (bodhisattva Avalokiteshvara).

Con mucha mayor frecuencia se encuentran este tipo de peticiones de ayuda, y también el recitado de sutras para protegerse de los demonios, en las noticias que se refieren a Xuanzang, un monje que vivió en el siglo VII y cuya fama llega hasta hoy. Pero no debe esta fama cada vez mayor ni a la precisión de las descripciones que se remontan a sus propias manifestaciones ni a la retórica de un discípulo suyo, alimentada por la fantasía y la devoción, que publicó una biografía de Xuanzang poco después de su muerte; lo realmente importante para su perenne popularidad es el hecho de que en el siglo XVI fuera uno de los protagonistas de una de las más famosas novelas chinas (*Xi you ji*), que ha sido llevada varias veces al cine en época reciente.

Al igual que hizo Faxian, Xuanzang había partido de Chang'an y había seguido el camino del corredor de Hexe, hasta llegar al límite del Gobi. En Dunhuang se decidió por la ruta del norte, pasó por Turfán y Kucha para atravesar luego el Tian-shan y avanzar hasta Samarcanda en un amplio arco. Desde ahí se dirigió hacia el sudeste, se enfrentó valerosamente a las tormentas de nieve en el Hindu Kush y se quedó finalmente durante varios años en el valle del Ganges. En Nalanda, uno de los monasterios más famosos de aquel tiempo, permaneció durante cinco años para instruirse en las diferentes tradiciones del budismo. Antes de su regreso, para el que también eligió la ruta terrestre, visitó los centros religiosos del sur y el oeste de la actual India. Junto a 150 reliquias y libros de oraciones, había también 657 escritos en el equipaje que trajo consigo al llegar a la capital. Allí incluso debió de recibirle y honrarle el emperador, mediante la concesión especial del tratamiento de *sanzang* (en chino) o *tripitaka* (en sánscrito), que procede del nombre de un códice budista y tiene carácter programático. También le fue asignado un monasterio propio, en el que, con el apoyo de un grupo de monjes, pudo por fin dedicarse a la labor que ya mucho antes de su llegada a la India se había propuesto como meta más importante de su vida:

> En cuanto haya vuelto a China, me dedicaré a la traducción de los libros recogidos y [con ello] extenderé el conocimiento de los contenidos doctrinales [hasta ahora desconocidos]. Así desharé los nudos del error, pondré fin al influjo engañoso de visiones erróneas y corregiré desviaciones de la tradición de Buda.

Mencionaremos ahora a un tercer peregrino: Yijing, que en el 671 se embarcó en una nave persa y a través de Sumatra llegó a Bengala. Al igual que Xuanzang en otro tiempo, se sintió atraído por los lugares sagrados del ámbito del Ganges, y como él visitó Nalanda, donde pasó diez años estudiando intensamente. El regreso a China lo realizó por la misma ruta que había seguido en la ida interrumpiéndolo por una estancia de varios años en Sumatra, que aprovechó entre otras cosas para escribir dos obras.

Emisarios de la cristiandad

Aunque una fe inquebrantable no mueva montañas, parece que tal vez alivie las fatigas que trae consigo un largo viaje por terrenos intransitables. Apenas puede uno evitar esta impresión al ver que también entre los europeos que en la Baja Edad Media llegaron a Asia central y oriental muchos pertenecían al clero, en especial a la orden franciscana (OFM); este predominio de

Nombre	Origen	Estado	Duración	Estancia
Juan de Plano Carpini	Umbria	Monje (OFM)	1245-1247	Karakorum
Guillermo de Rubruk	Brabante	Monje (OFM)	1253-1255	Karakorum
Marco Polo	Venecia	Comerciante	1271-1295	Pekín
Juan de Montecorvino	Campania	Monje (OFM)	1271-1328	Pekín
Odorico de Pordenone	Friuli	Monje (OFM)	1314-1330	Pekín
Juan de Marignola	Toscana	Monje (OFM)	1339-1353	Quanzhou
Juan Schiltberger	Baviera	Prisionero de guerra	1402-1405	Samarcanda
Ruy González de Clavijo	Castilla	Embajador	1404	Samarcanda

Cuadro 4. Viajeros europeos que durante la Baja Edad Media llegaron a Asia central y oriental (selección).

franciscanos posiblemente se deba a que su presencia consta en los archivos y a que proporcionaron a la posteridad informaciones obtenidas en el viaje. Mientras los enviados oficiales y misioneros tal vez tuvieran interés en que se conocieran sus éxitos, es de suponer que los mucho más numerosos mercaderes vieran poco sentido, en general, en hacer públicos conocimientos que bien podían ser de utilidad para sus competidores.

Evidentemente, las intenciones no siempre resultaban inequívocas, y algunos monjes franciscanos, cuyo objetivo principal era la predicación (como Rubruk) o la recopilación de informaciones (caso de Plano Carpini), llevaban consigo un documento de su superior espiritual o seglar que en caso necesario les otorgara el estatus de legado. En cuanto a Marco Polo, vástago de una familia de comerciantes, acompañó a su padre y a su tío hasta Pekín, después entró al servicio del Gran Kan y permaneció mucho tiempo en la corte, aunque los datos sobre la trascendencia de su posición en ella contienen toda clase de exageraciones.

Los tiempos de viaje no fueron nunca tan breves como en los siglos XIII y XIV, cuando el «Imperio mundial» de los mongoles había creado las condiciones para recorrer con tranquilidad grandes distancias. Pero no hay que sobrevalorar la trascendencia que tuvo la *Pax Mongolica,* ya que las más elevadas tasas de crecimiento comercial y de la llegada misiones se produjo en periodos en los que la unidad del Imperio era más ficticia.

En comparación con la mayoría de sus contemporáneos que exploraron el Imperio mongol, Guillermo de

2. Monjes piadosos y demonios extranjeros

Rubruk tenía un horizonte cultural relativamente amplio, pero le faltaba una base en consonancia de conocimientos de lenguas, ya que enseguida agotaba su latín, en el sentido más estricto de la expresión; no es de extrañar, pues, que la última observación de su itinerario esté referida a la importancia que tenían los intérpretes. A pesar de ello, compensaba esta deficiencia con unas asombrosas dotes de observación; sobre todo poseía la capacidad de integrar y valorar sus percepciones en un contexto más amplio. Solo cuando se trata de reivindicar sus creencias religiosas y el contenido de su fe escapa a la reflexión crítica; nunca renunció a participar en los habituales debates que se daban en la corte con representantes de otras religiones –nestorianos, budistas y musulmanes–, que rivalizaban por el favor del Gran Kan, el cual les incitaba una y otra vez al debate.

Guillermo había elegido para el viaje de ida y el de vuelta la ruta terrestre, concretamente un camino que discurre al norte del mar Caspio y del mar de Aral. Odorico de Pordenone, en cambio, hizo la mayor parte del viaje a China en barco, para después volver a Europa por la línea este-oeste de Asia central, tras largas estancias en Quanzhou y Pekín. Su relato, tan sugestivo como preciso, describe algunas cosas de la China que entonces no figuraban como conocidas en Occidente; entre ellas, la captura de cormoranes y la costumbre existente de vendar los pies. Sin embargo, su narración contiene toda una serie de pasajes que no eran sino una continuación de los estereotipos corrientes por entonces –o los adornaban aún más–, de modo que apenas puede descubrirse la base real de su relato, y eso a pesar de que en la observación final destaca, haciendo referencia a su voto de obediencia, que «todo lo que está escrito anteriormente, o lo he visto con mis propios ojos o lo he sabido de gente fidedigna».

Si las descripciones de Odorico se deben en gran medida a ideas fantasiosas que desde la Antigüedad determinaban la imagen de Asia, esto mismo puede decirse en referencia a los relatos de Marco Polo, quien se mostraba bastante más sensible a recoger las tradiciones, fábulas y rumores presentes en las tierras por las que viajaba. En consecuencia, son muchas las dudas respecto a diversos pasajes de su relato, aunque alguna observación que provocaba incrédulo asombro en los lectores del siglo XIV y del XV correspondiera a la verdad.

Odorico de Pordenone probablemente tenía razón al considerar Hangzhou como «la mayor ciudad del mundo», y a la vez un lugar «predestinado para el comercio». También Marco Polo –que había recorrido los mayores tramos de su viaje de ida por la ruta de las caravanas y regresó muchos años después por la ruta marítima– quedó impresionado por la metrópoli de la costa china, cuya población de entonces superaba el millón de habitantes:

> Según la opinión general, la extensión de la ciudad alcanza aproximadamente las cien millas. Las calles y canales alcanzan una enorme anchura, y los mercados, que deben acoger increíbles masas humanas, tienen una colosal extensión. [...] Los mercados están separados entre sí cuatro mi-

llas. Paralelo a la vía principal que une unos con otros, discurre un amplio canal, junto al que se levantan espaciosos almacenes de piedra para proporcionar un lugar cómodo a los mercaderes que vienen aquí con sus mercancías desde la India y otros países. [...] En cada mercado se encuentran en un lado dos grandes edificios que albergan a los funcionarios imperiales que intervienen si se producen disputas entre los comerciantes extranjeros o entre los habitantes de la ciudad. Además ejercen el control sobre la guardia que vigila los puentes correspondientes a su distrito.

Mucho más escasos fueron los viajeros llegados de Oriente a Europa. Por ello es de destacar el relato que escribió el monje nestoriano Raban Sauma durante la visita hecha a Occidente en 1287. En Italia esperaban al monje, originario del norte de China, algunas sorpresas desagradables: ya desde el mar observó cómo la erupción del Etna oscurecía el cielo; después, durante su estancia en Nápoles se vio envuelto en una gran batalla naval que se desencadenó en el golfo de Sorrento, y cuando al fin llegó a Roma, se enteró de la muerte del Papa y hubo de enfrentarse como «hereje» a algunas discusiones más bien poco edificantes con representantes de los cardenales. El tiempo que pasó a continuación en Francia transcurrió de manera mucho más agradable; en París disfrutó de los monumentos de la ciudad, y en Burdeos fue recibido incluso por Eduardo I, el rey inglés, que por entonces estaba inspeccionando sus posesiones en Gascuña.

Al tiempo que declinaba el dominio mongol en el siglo XIV, la unión por tierra de Oriente y Occidente se hizo cada vez menos atrayente, sobre todo a causa de los riesgos para la seguridad, que aumentaban con rapidez, pero tal vez también por la aparición de la peste, que se servía de las rutas comerciales para su propagación. Solo cuando se dobló con éxito el cabo de Buena Esperanza (1498) y se pudieron establecer rutas marítimas regulares entre los puertos de Europa y Asia, se pudo de nuevo tener contactos más intensos. A partir del siglo XVI, numerosos mercaderes y misioneros buscaron de nuevo fortuna en el Imperio del Centro.

Viajeros musulmanes

Teniendo en cuenta los innumerables árabes y persas que en los siglos VIII y IX llegaron a China, y la extensa literatura con datos geográficos que se escribió durante el gobierno de los abasíes (750-1258), sorprende un poco que el número de relatos de viaje conservados sea relativamente pequeño. Destaca entre ellos la descripción de un mercader llamado Sulimán, quien en el año 851 menciona entre otras cosas la existencia de una gran «colonia» musulmana en Cantón.

El siglo XIV está ciertamente bajo el signo de Ibn Battuta, que para el mundo islámico significa algo parecido a lo que representa Marco Polo para el Occidente cristiano. Hay toda una serie de paralelismos entre ambos hombres, que de haber vivido hoy posiblemente serían considerados trotamundos profesionales. Al igual que Marco Polo, Ibn Battuta estuvo al servicio de un soberano (en su caso, del sultán de Delhi) durante la estancia de muchos años que hizo en el extranjero. Como en el caso de aquél, la plasmación escrita de sus recuerdos no la realizó por su propia mano, sino con ayuda de otro. Y por último, su credibilidad no estuvo libre de la sombra de la duda, pues el núcleo de los datos que da está afectado sustancialmente por una sobredosis de fantasía y afán de invención.

Ibn Battuta, nacido en Tánger en 1304, pasó más o menos la mitad de su vida viajando; se ha calculado que entre 1325 y 1353 debió de recorrer más de 100.000 kilómetros. Estuvo en diversas regiones de Europa y Asia, pero pasó la mayor parte del tiempo en este continente, sobre todo en la India, de la que, en comparación con otros escritos, informa con mayor precisión y conocimiento, como cuando describe las circunstancias de la quema de una viuda. Parecida fiabilidad poseen sus descripciones de aquellas ciudades por las que pasó en su viaje de ida, entre ellas Merv, Bujara y Samarcanda. A pesar de estar incluida en el itinerario que hizo, sus informaciones sobre China se reducen sobre todo a relatos que Ibn Battuta escuchó en bazares y caravasares.

En relación con estos, son considerablemente más auténticos los datos que dejó Giyath ad-Din Naqqash, miembro de una delegación timúrida que en 1420 llegó a Pekín. Aunque en su informe desliza alguna que otra exageración, y los resultados que asegura que se lograron tuvieron un eco asombrosamente reducido en los archivos oficiales chinos, toda una serie de detalles dan testimonio de que sus observaciones eran en general de la máxima exactitud. Por citar solo un ejemplo, la descripción de un templo budista que el autor visitó en Lanzhou en el camino de regreso es muy gráfica y sobre todo muy gratamente tolerante, teniendo en cuenta la prohibición musulmana de las imágenes religiosas:

> En el medio de este conjunto se encontraba el propio templo, en el que se había erigido una gran estatua yacente, de unos cincuenta pies de largo. [...] Había por todas partes en este templo [...] otras figuras artísticas, cada una de las cuales medía unos veinte metros. Las estatuas de monjes budistas de tamaño natural estaban representadas de manera tan exacta que se tenía la impresión de que esos infieles estaban en realidad vivos. En el resto de las paredes se hallaban imágenes de tal calidad que todos los pintores de este mundo las habrían admirado. El gran ídolo dormido tenía una mano debajo de la cabeza, la otra sobre la cadera.

Aventureros e investigadores

En el último cuarto del siglo XIX, el «Turkestán oriental» llamó poderosamente la atención de científicos europeos, y los caminos que abrían la cuenca del Tarim se hicieron, por así decirlo, sinónimo de toda la Ruta de la Seda. El motivo fue el hallazgo, en principio casual, de ciudades y escrituras antiguas; estos descubrimientos daban testimonio de un florecimiento cultural hasta entonces insospechado en una región a la que, de no ser por esto, se habría atribuido a lo sumo una cierta importancia estratégica.

2. Monjes piadosos y demonios extranjeros

Origen	Duración	Jefe de la expedición
Rusia	1888-1890	Grigory y Mikhail Grumm-Grzhimaylo
	1898	Dimitri Klementz
	1906-1908	Carl Gustav Mannerheim
	1907-1909	Piotr Kozlov
	1909-1910	Sergei Oldenburg
	1914-1915	Sergei Oldenburg
Suecia	1895-1897	Sven Hedin
	1899	Sven Hedin
Gran Bretaña	1900-1901	Aurel Stein
	1906-1908	Aurel Stein
	1913-1915	Aurel Stein
Alemania	1902-1903	Albert Grünwedel
	1904-1905	Albert von Le Coq
	1905-1907	Albert Grünwedel
	1913-1914	Albert von Le Coq
Japón	1902-1903	Otani Kozui
	1908-1909	Tachibana Zuicho y Nomura Eizaburo
	1910-1912	Tachibana Zuicho
Francia	1906-1908	Paul Pelliot

Cuadro 5. Expediciones al «Turkestán oriental» antes de la Primera Guerra Mundial.

La mayor publicidad de la región no hubo que agradecérsela a sabios como el geógrafo Ferdinand Freiherr von Richthofen, que en 1877 acuñó la expresión «Ruta de la Seda», sino a Sven Hedin, cuyas expediciones le llevaron desde 1895 al Pamir, al Tíbet y al Takla Makan; la importancia de sus descripciones se deben mucho menos a la transparencia científica que al dramatismo de las aventuras, y alcanzaron unos índices de lectura

Figura 5. Sven Hedin (fotografiado en Kashgar hacia 1896).

muy elevados; no es de extrañar, porque al explorar las montañas y atravesar los desiertos, el geógrafo sueco puso demasiadas veces en peligro su vida y la de sus compañeros, no pocas veces con resultado de muerte:

> En vano buscábamos con la vista la negra muralla del horizonte, las impenetrables nubes que nos liberaran del ardor del día. El sol y el desierto se habían aliado para que nos perdiéramos [...] Con fuerzas desfallecidas y piernas temblorosas luchábamos contra el cansancio y la falta de sueño. Los lados rectos de las dunas miraban sobre todo hacia el este. Me deslicé hacia abajo y me arrastré largos

tramos sobre manos y pies. Estábamos agotados e indiferentes, pero luchábamos por nuestra vida [...]. Nuestras gargantas ardían con una insoportable sequedad. Creíamos escuchar cómo crujían las articulaciones y percibir cómo comenzaban a calentarse por la fricción; sentíamos los ojos tan secos que apenas podíamos abrirlos y cerrarlos.

No obstante, se deben atribuir a Hedin muchos méritos como cartógrafo, pues consiguió representar territorios hasta entonces desconocidos. Al igual que muchos de sus contemporáneos, como arqueólogo era más bien del género de los buscadores de tesoros; lo primero que buscaba eran objetos espectaculares, y apenas mostraba interés por pequeños hallazgos, más numerosos, en los yacimientos; en definitiva, tenía poca comprensión de la capacidad que tenían como testimonios históricos.

Esta reserva es aplicable también en parte a Aurel Stein, húngaro de nacimiento, que trabajó para el gobierno colonial británico en la India; ambos carecían de escrúpulos al descubrir o adquirir objetos antiguos. Cierto es que Stein, que entre otros lugares había estudiado en Tubinga, poseía una formación más amplia que Hedin, y que llegado el caso, se servía de ella sin reservas, como, por ejemplo cuando pretendió –siguiendo la tradición de Xuanzang– que se le entregaran valiosos manuscritos que se conservaban en un monasterio budista de Dunhuang.

Stein no fue el único que logró, mediante una combinación de hábil retórica y discreta beneficencia, mover a la entrega de manuscritos al monje que correspondiera. Pocos meses después de él, Paul Pelliot, el más importante sinólogo francés de su tiempo, entabló negociaciones semejantes, y con éxito aún mayor, ya que su competencia lingüística, muy superior, le permitió reunir una selección de textos verdaderamente representativa; fue así como llegaron a Londres y a París dos importantes colecciones, cuyo origen común ha de remontarse a una «biblioteca» que estaba guardada en uno de los lugares de culto en los límites del Gobi. En Europa esto abriría el camino a la investigación sobre Asia orientada a la filología, una dimensión totalmente nueva, pero en China causó un trauma que hasta ahora se deja sentir. Es evidente que contribuyó a ello la expoliación de tesoros artísticos irremplazables, sobre todo de estatuas y pinturas murales, que los extranjeros sacaban de aquellas grutas que los fieles de diversas religiones –especialmente del budismo– habían acondicionado con fines rituales.

Junto a Stein y sus ayudantes, los alemanes procedieron de forma particularmente sistemática. Mientras que Albert Grünwedel, que dibujaba sin descanso, estaba más interesado en la documentación de imágenes, Albert von Le Coq y su ayudante Theodor Barthus se ocuparon de que innumerables obras fueran desprendidas de su base con escoplos, cuchillos y serruchos para ser enviadas luego a Berlín; otras de mayor formato se empaquetaban en cestos de madera, protegidas por varias capas de algodón, fieltro y juncos; muchas veces se dividían sus componentes. Como Grünwedel señala en una carta del año 1903, no había mucha prisa para su envío:

2. Monjes piadosos y demonios extranjeros

Figura 6. Albert Grünwedel (sentado en el centro) y Albert von Le Coq (a su lado, a la derecha) con sus colaboradores (foto del año 1906).

Ante la inusual dificultad de la ruta, hemos decidido hacer transportar los cestos solo en camellos, que no chocan entre sí como las mulas o los asnos, y después no en tren, sino por barco hasta San Petersburgo. Desde allí han de ir por mar a Stettin, en cuanto sean calificadas de mercancías en tránsito.

Por lo demás, nunca debió de haber mayores destrozos; solo en el transcurso de la Segunda Guerra Mundial se destruyeron varias obras significativas. Al visitar las excavaciones de Xinjiang aún hoy se ven los huecos que quedaron tras serrar los motivos centrales. Lo que fue considerado un acto de vandalismo –no sin razón– por voces críticas posteriores, es evidente que estaba en consonancia con el espíritu que en los inicios del siglo XX guiaba a los europeos, no solo interesados por cuestiones comerciales.

Por otra parte, la admiración que siempre despertaban estos objetos al contemplarlos en Berlín, Londres o París contribuyó también a que hubiera una consideración más positiva de las regiones situadas entre el Tian-shan y el Kuen-lun. Mucho del entusiasmo que Albert Grünwedel expresaba en 1906 en una carta desde Kizil llegó a las metrópolis de Occidente con los objetos:

> ¡Qué cantidad de impresiones! ¡Qué mundo de prodigios revive aquí! Pero el esfuerzo por captar todo esto, digerirlo, retenerlo en la memoria de inmediato y no pasar por alto nada, es fabuloso.

Es indudable que la Primera Guerra Mundial supuso un corte claro, pero no el final de estas actividades. A ellas se unió un americano, Langdon Warner, un historiador del arte y orientalista que, comisionado por el Fogg Art Museum de la Universidad de Harvard, partió en un «viaje de colecta», y en 1924 aterrizó por Dunhuang. Con ayuda de un método desarrollado hacía poco para desprender pinturas murales, tuvo solo un éxito relativo a causa del rigor invernal existente, que hacía que se helara una y otra vez el material fijador. Sin embargo, alcanzó una fama perdurable, no

2. Monjes piadosos y demonios extranjeros

por sus logros o por sus muy respetables actividades científicas, sino por su «resurrección» en la pantalla cinematográfica: parece ser que el prototipo del aventurero, representado cinematográficamente por Indiana Jones, se inspira en él.

3. Lenguas e identidad

Si se considera la enorme diversidad étnica en la zona de la Ruta de la Seda, uno se plantea casi de inmediato la cuestión de la comunicación. En definitiva, debía y debe de garantizarse algún medio de entendimiento no solo de un pueblo a otro, sino también de oasis a oasis, de isla a isla, incluso en distancias mayores. No es extraño, pues, que el beneficio de los mercaderes, el éxito de las embajadas o la repercusión de las misiones haya de verse en relación directa con las correspondientes posibilidades que había para expresarse, al menos con la calidad de los intérpretes y traductores que intervenían.

Testimonios antiguos

La región del norte de Pakistán, en la que confluyen los ríos Hunza, Gilgit e Indo, ya era en época muy temprana un importante nudo de comunicaciones en la red comercial de la Ruta de la Seda; ello se percibe en innumerables pinturas rupestres que ilustran el encuentro de diversas culturas. Como un gigantesco libro de registro de visitantes, hay varios miles de inscripciones: distintos nombres de personas grabados o arañados en la piedra que documentan la presencia de mercaderes, monjes o diplomáticos. Unas tres cuartas partes de ellos están escritos en brahmi, en el resto predominan el sogdiano y el kharoshthi. También se encuentran signos chinos que dan testimonio, por ejemplo, del viaje de un enviado de la dinastía Wei, que tal vez se pusiera en marcha hacia Occidente en el siglo III d. C.

Una variedad de escritos aún mayor se ha transmitido a la actual China procedente de las zonas limítrofes del Gobi y del Takla Makan, sobre todo de Turfán y Dunhuang, de donde proceden muchos textos conservados a menudo solo en fragmentos mínimos. De ellos una gran parte fueron llevados fuera del país a principios del siglo XX para archivarlos en Londres, París o Berlín. A pesar de las muchas variantes que hay, las escrituras pueden reducirse a tres modelos: el arameo, que va de derecha a izquierda; el brahmi, de izquierda a derecha, y el chino, en el que los signos predominantemente están dispuestos de arriba abajo.

Como soporte para la escritura se usaba el papel –que al menos en parte se traía de los lugares de producción existentes en el Imperio del Centro– y también hojas de palmera, corteza de abedul, seda, pergamino, madera y piedra. Muchos textos se escribieron a mano, aunque también se pueden identificar numerosas im-

Lengua	Rama lingüística	Familia lingüística	Escritura
tocario A	tocario	indoeuropeo	brahmi
tocario B	tocario	indoeuropeo	brahmi maniquea
sogdiano	iranio	indoeuropeo	brahmi nestoriana maniquea sogdiana
parto	iranio	indoeuropeo	runas maniquea sogdiana
bactriano	iranio	indoeuropeo	heptalítica maniquea
khotan-sákico	iranio	indoeuropeo	brahmi
tumshuk-sákico	iranio	indoeuropeo	brahmi kharoshthi
persa medio	iranio	indoeuropeo	pahlevi runas maniquea sogdiana
persa moderno	iranio	indoeuropeo	árabe nestoriana maniquea hebrea
sánscrito	iranio	indoeuropeo	brahmi pala china
prácrito	iranio	indoeuropeo	brahmi kharoshthi

3. Lenguas e identidad

Lengua	Rama lingüística	Familia lingüística	Escritura
griego	griego	indoeuropeo	griega
sirio	semita	afroasiática	nestoriana
hebreo	semita	afroasiática	hebrea
turco antiguo	turco	altaica	runas brahmi fagspa tibetana árabe pahlevi uygur maniquea sogdiana
mongol	mongol	altaica	brahmi mongólica fagspa
kitan	mongol	altaica	kitan
tibetano	tibetobirmano	sinotibetano	sogdiana uigur tibetana
tangú	tibetobirmano	sinotibetano	tangú
chino	sinítico	sinotibetano	china brahmi sogdiana maniquea

Cuadro 6. Lenguas y escrituras en antiguos restos de textos de las zonas limítrofes del Takla Makan y el Gobi, noroeste de China.

Figura 7. Imagen en la roca con una inscripción china en el valle del Indo (norte de Pakistán).

presiones con bloques de madera, de las que se admite que proceden mayoritariamente de talleres chinos.

La mayor parte de los textos tratan temas religiosos de la tradición del budismo, del maniqueísmo y del nestorianismo. Muchos hallazgos son testimonio de un trabajo de traducción al mismo tiempo abnegado y sabio. Además, relaciones de aranceles, balances, contratos de compra y venta ofrecen también la posibilidad de descubrir aspectos particulares de la vida cotidiana. El lapso de tiempo que cubren los escritos, conservados en general solo en fragmentos, abarca más o menos desde el siglo II hasta el XIV. Predominan entre ellos en primer lugar los documentos chinos y después los iranios y en turco antiguo.

3. Lenguas e identidad

Barreras lingüísticas

También en la actualidad predomina en la zona la multiplicidad de lenguas. Esto se evidencia claramente en la India, que solo bajo dominio colonial británico se constituyó en una unidad política; aquí, junto al hindi y al inglés, se emplean también como lenguas oficiales el asamés, el bengalí, el gujarati, el kannada, el cachemiro, el malayo, el marathi, el oriya, el panyabí, el sánscrito, el sindhi, el tamil, el telugu y el urdu.

Entre los que por su trabajo –o vocación– viajaban regularmente por la Ruta de la Seda había con seguridad muchos políglotas. En muchas regiones y en ciertas épocas es evidente la existencia de una *lingua franca* aceptada de forma generalizada. Este papel de lengua bien establecida en muchos lugares le correspondió a veces al malayo en las ciudades portuarias y al sogdiano en los nudos de comunicaciones de la ruta terrestre. En un futuro no lejano el inglés podría ocupar una análoga posición dominante.

Una de las lenguas más importantes para entenderse en la Baja Edad Media era el cumano, que está dentro de las lenguas túrquicas. Su papel en las transacciones comerciales en Asia central lo atestigua el *Codex cumanicus,* una colección de escritos tan heterogénea como instructiva, algunas de cuyas partes se remontan a los siglos XIII y XIV. Entre los términos que aparecen en una lista de palabras trilingüe (latín, persa y cumano), predominan conceptos que conocían todos los comerciantes, como denominaciones de productos, técnicas de producción y modalidades de pago.

Familia lingüística	Rama lingüística	Lengua	Estados (en su caso, el 1.º)
sinotibetana	sinítica	chino	China
	tibetobirmana	tibetano	China
		birmano	Myanmar
altaica	turca	uigur	China
		kazajo	Kazajistán
		kirguizo	Kirguizistán
		uzbeko	Uzbekistán
		turkmeno	Turkmenistán
		azerbayano	Azerbaiyán
		turco	Turquía
	mongólica	mongol	Mongolia
	tungús	manchú	China
austroasiática	mon-jemer	vietnamita	Vietnam
		jemer	Camboya
tai-kadai	tai	tai	Tailandia
austronésica	malayo-polinésica	malayo	Malasia
		macasar	Indonesia
		buguinés	Indonesia
		javanés	Indonesia
indoeuropea	irania	tayikistano	Tayikistán
		pastún	Afganistán
		beluchi	Pakistán
		farsi	Irán
		kurdo	Irán
	indoirania	bengalí	Bangladesh
		gujarati	India
		sindhi	India
		panyabí	Pakistán
		cingalés	Sri Lanka
	armenio	armenio	Armenia
	eslavo	ruso	Rusia

3. Lenguas e identidad

Familia lingüística	Rama lingüística	Lengua	Estados (en su caso, el 1.º)
caucásica	caucásica occidental	georgiano	Georgia
dravídica	tamil-kannada	tamil	India
afroasiática	semítica	árabe	Irak

Cuadro 7. Clasificación de lenguas hoy presentes en la Ruta de la Seda, vías terrestre y marítima (selección).

Traductores e intérpretes

La segunda parte del *Codex cumanicus,* en cambio, contiene informaciones que pueden considerarse indicaciones para misioneros. En general, domina la idea de que las convicciones religiosas eran el impulso más importante –más aun que los intereses económicos– para fijar por escrito conocimientos y convicciones. Esto es aplicable en particular a las innumerables traducciones al sogdiano, al turco antiguo y al chino; a los maniqueos les servían en general como modelo textos del persa medio y del parto; a los nestorianos, tratados sirios, y finalmente, las sutras budistas se remontan a versiones en sánscrito y prácrito.

Su traducción al chino era un desafío especial que en el transcurso de la historia se planteó de diversos modos. Hasta el siglo V no se logró el equilibrio entre contenido y pretensiones estilísticas, pues las traducciones eran demasiado literales o demasiado literarias. Entre los siglos VII y IX se produjo la unificación terminológica, pero a la exactitud de los conceptos acompañó también una disminución de la fuerza poética.

La mayor dificultad era evidentemente la adaptación de lo espiritual a un mundo tan distinto como es lo terrenal; para esta adaptación se emplearon supuestos equivalentes tomados del vocabulario taoísta. También las normas confucianas influirían en la redacción de los textos; así, por ejemplo, en un pasaje sobre el reparto de roles dentro del matrimonio se modificarían las formulaciones originales, de manera que el sentido cambiaba por completo: se traducía «el hombre apoya a su mujer» por «el hombre controla a su mujer», y «la mujer se cuida de su marido» por «la mujer honra a su marido».

Los nestorianos, por su parte, solían recurrir a expresiones que encontraban en escritos budistas. Las versiones chinas de sus tratados alcanzan muy raramente rango literario.

La siguiente descripción de la concepción de la Virgen María –que se debe a misioneros nestorianos que en el siglo VII llevaron su mensaje cristiano al Imperio del Centro– muestra al menos de modo indirecto la importancia del dominio de la lengua y la escritura para la transmisión de contenidos religiosos:

> El Dios celestial encargó a la fresca brisa que se acercase a la Virgen. La fresca brisa acató la orden del Dios del cielo y penetró en el vientre de la Virgen, que quedó así preñada. Esto fue causado por el Dios celestial, porque sabía que la Virgen aún estaba soltera y porque quería probar que podía quedar preñada aun sin esposo. Después de la

concepción, la Virgen alumbró un hijo cuyo padre era la fresca brisa.

Al igual que los traductores, los intérpretes procedían a menudo de las comarcas limítrofes del gran Imperio. En Asia central venían sobre todo de aquellos centros comerciales que constituían los nudos en la red de comunicaciones de la Ruta de la Seda, como las ciudades de Sogdiana o los oasis de la cuenca del Tarim. Las lenguas turca e irania, como la sogdiana y la cumana, fueron «puentes de entendimiento» esenciales. Llama además la atención que la palabra «intérprete»[1], con sus innumerables variantes, derive del turco *dilmaç*. En las islas del Sudeste Asiático de la época colonial, los inmigrantes chinos tuvieron un papel de intermediarios semejante, sobre todo en el difícil tejido de relaciones entre los señores europeos y los muy heterogéneos grupos de población nativa.

Una gran importancia adquirieron los políglotas, sobre todo en las relaciones entre los distintos estados y sus soberanos, pues la calidad de su trabajo contribuía en gran medida al éxito o al fracaso de negociaciones, y una palabra mal elegida podía arruinar las conversaciones. Proporcionan una viva impresión del esfuerzo por transmitir formulaciones en exacta correspondencia las indicaciones que Juan de Plano Carpini hizo a mediados del siglo XIII en un escrito de respuesta que el Gran Kan mongol Guyuk le dio para el papa Inocencio IV:

---

1. En alemán, *Dolmetscher*. [N. de la T.]

Hizo que nos preguntaran si en el entorno del Papa habría gente que pudiera leer una carta en ruso, sarraceno [persa] o tártaro [mongol]. Respondimos que no empleábamos ni el ruso, ni el tártaro ni el sarraceno; que había sarracenos en el país, pero muy alejados del Papa. Consideramos conveniente que redactaran el escrito en tártaro y nos lo tradujeran luego, para que nosotros pudiéramos incluirlo en la redacción en nuestra propia escritura. [...] Después de traducir la carta palabra por palabra y redactarla nosotros toda en latín, se comprobó una vez más cada pasaje del texto en particular para excluir cualquier error. Y cuando ambas cartas estuvieron acabadas, hicimos que nos las leyeran dos veces [para asegurarnos] de que ciertamente nada se había pasado por alto. [...]. Finalmente se hizo una copia en sarraceno para que el Papa, si quería, pudiera procurarse a alguien en nuestro país que pudiera leerla.

La carta ha permanecido durante siglos en los archivos del Vaticano, no en el original mongol mencionado por Juan, pero sí en tres traducciones: junto a las versiones mencionadas en latín y persa se encuentra también una en turco. Los tres escritos, por lo demás, exigían gestos de sumisión al Papa, por cierto en un tono áspero; probablemente fuera este un motivo para archivarla con rapidez. Señalemos de paso que la función de intérprete en casos de conflicto estaba expuesta a riesgos, ya que, sobre todo cuando los resultados de los acuerdos no correspondían a las expectativas, algunos señores se inclinaban a compensar su decaída autoridad con la ejecución del traductor, al que se hacía responsable.

Prejuicios y estereotipos

A la hora de establecer la pertenencia a un grupo, en general la lengua juega un papel muy importante, aunque no siempre es el criterio decisivo; en China, por ejemplo, la escritura fue el lazo que unió a la gente y que ayudó a fundar una historia común, y es que en principio, los signos empleados en ella son unidades semánticas que tienden un puente sobre las enormes diferencias regionales en la fonética y pueden entenderse en la misma medida en todo el país. Pero más allá de las fronteras, los signos actuaban en ocasiones como «creadores de entendimiento», que permitían, por ejemplo, unir más estrechamente a la corte china con la clase más elevada de Corea o Vietnam. Consecuencia de esto fue que en los estados vecinos aún se hizo mayor la distancia entre la élite minoritaria en el poder y las clases menos privilegiadas.

La continuidad relativamente larga de una tradición escrita constituye también el núcleo de una unidad étnica y cultural evocada una y otra vez, cuyas historias se

Figura 8. Comerciantes originarios de Asia central presentan sus ofrendas a Buda. (Dibujo de una pintura mural de Turfán).

unen casi sin solución de continuidad al acontecer mítico. Esta afirmación no es aplicable a los han, un grupo que evitó identificarse con los rasgos dominantes de la civilización china, y que en época histórica gobernó a la mayor parte de la población dentro de las fronteras del Imperio. Los han utilizaron los diversos impulsos materiales y espirituales procedentes del encuentro con tradiciones ajenas, quedando cada vez más relegadas a la periferia las minorías que luchaban por su independencia.

Un rasgo distintivo que apenas quedaba en importancia por detrás de la escritura era el de unos principios económicos propios. La doctrina china del estado elevó a norma una forma de vida inmovilista, según la cual los habitantes del Imperio estaban básicamente unidos a los terrenos que cultivaban. Las formas de vida nómadas de los habitantes de la estepa siempre estuvieron bajo sospecha, en la medida en que esto se puede rastrear. El trasfondo económico del asunto interesaba poco, de modo que en general las distintas formas de cría de animales –de la trashumancia al nomadismo– apenas se distinguían; no obstante, se atribuía a la cría de rebaños un «andar yendo y viniendo» tan errante y sin rumbo fijo, que no correspondía ni por lo más remoto al ritmo estacional de los lugares de pasto.

Así fueron creciendo los prejuicios, sobre todo cuando también mostraban ambiciones comerciales los «bárbaros», difícilmente asimilados con los recursos de la burocracia china y por ello poco controlados. El no disimulado deseo de ganancias despertaba recelos, y además minaba en la corte los fundamentos del orden político. En consecuencia, durante mucho tiempo se asignó a los mercaderes un rango inferior dentro de un esquema de estructura social que adjudicaba un estatus más elevado no solo a los campesinos, sino también a los artesanos.

Se fueron creando por tanto estereotipos que se aplicaban sin distinción, de forma que a los comerciantes de los oasis y a los nómadas de las estepas, a pesar de sus formas de vida distintas por completo, se les atribuían a veces cualidades casi idénticas: eran sobre todo agresivos, avariciosos y materialistas.

Percepción propia y ajena

Evidentemente, esta actitud de reserva o incluso de menosprecio frente a los extranjeros no era algo limitado a China. Los han tampoco se libraron de que sus vecinos les adjudicaran características que ellos difícilmente admitían. Muy gráficamente muestra esto una inscripción en turco antiguo procedente del valle del Orjón, en la actual Mongolia:

> Las palabras de los chinos fueron desde siempre suaves, sus contenidos siempre débiles. Con sus palabras suaves y sus contenidos débiles, así se dice, los chinos atraen a los pueblos que viven lejos. Y entonces, según se dice, se proponen la perdición de tal pueblo, en cuanto se establecen cerca. Con ello impiden que traigan el progreso hombres verdaderamente sabios y rectos.

Desde luego que la conciencia colectiva de sí mismos no solo se deriva de la diferenciación frente al otro, sino también de subrayar, y llegado el caso, de exagerar la propia importancia.

Muchas veces a esto se une una pretendida anterioridad en el tiempo, para lo que la propia historia se alarga en el pasado lo máximo. Así, por ejemplo, los mongoles no invocan solo la herencia del «dueño del mundo», Gengis Kan; se consideraban además antepasados de los xiongnu, el grupo más importante de una confederación que ya en época anterior a Cristo era el adversario más temible del entonces joven Imperio chino.

Muy reciente y relacionada estrechamente con su denominación es la etnogénesis de los uigures. Hasta la década de 1920 no se reunió con esta denominación a los habitantes de los oasis de Xinjiang, de lengua turca y de religión mahometana. Se establecía así que a los diversos grupos locales, hasta entonces con poca relación entre sí, se les englobara bajo un nombre que originariamente se reservaba a los fundadores, de orientación maniqueísta, de un reino de las estepas que floreció en Mongolia en el siglo VIII. Además, la propaganda, tanto estatal como doméstica, se ha esforzado con celo en apresurar la pérdida de la memoria y reforzar la conciencia de pertenencia con ayuda de una historia artificialmente alargada.

En la formación de la tradición creadora de identidad hay una circunstancia que constituye un puente ideológico: una parte considerable de los uigures, tras una derrota sufrida en el año 840 frente a los kirguises, se asentaron en las zonas limítrofes orientales de la

3. Lenguas e identidad

cuenca del Tarim; entonces Kosho, en el oasis de Turfán, se convirtió en la capital de un pequeño imperio con el mismo nombre. En los siglos posteriores prosperaron allí el budismo, el maniqueísmo y el nestorianismo. Otra corriente de fugitivos uigures acabó, en cambio, en Gansu, donde con el paso del tiempo se impuso el lamaísmo, hoy la religión mayoritaria, y razón por la cual sus descendientes son denominados a veces «uigures amarillos». En la documentación oficial se ha sustituido esta denominación por la de «yugur», de fonética semejante; aun cuando, a lo sumo, tanto ellos como sus antepasados, que vivieron del pastoreo –pero no los musulmanes que vivían en los oasis– estaban legitimados para establecer una unión continuada con el una vez poderoso imperio de las estepas, los iugures tampoco son nada homogéneos, y por ello su nacionalidad solo puede concretarse de manera muy relativa a partir de la lengua; alrededor de un tercio de ellos usa variantes del turco, del mongol y del chino como lengua principal.

Los elementos constitutivos en cada caso de una vinculación grupal y de su denominación siguen por ello una clasificación de criterio nada sencillo. Esto no debería olvidarse cuando vuelven a afirmarse hoy con fuerza identidades étnicas y nacionales que se fundamentan en una historia a menudo ficticia. Especialmente imperfectos se hacen los esquemas clasificatorios cuando se introducen además como argumento diferencias somáticas junto a rasgos lingüísticos y culturales. Esto es aplicable también a una mirada histórica retrospectiva, como, por ejemplo, cuando se relacionan las momias rubias o pelirrojas encontradas en Xinjiang con los testimonios escritos procedentes de un mismo ámbito amplio que hay que atribuir a una rama de la familia lingüística indoeuropea. Los intentos basados en esta premisa de localizar en las fuentes griegas algunos textos en tocario y atribuirles una entidad étnica resultan poco convincentes. Y esto es así, sobre todo, porque las «citas» aducidas proceden de épocas muy distintas.

Francamente grotescos son en este contexto los más recientes intentos de autores occidentales de hacer responsables del florecimiento de la cultura china a los miembros de una «raza indoeuropea», los llamados prototocarios, quienes supuestamente, en el siglo II y principios del I a. C., habrían facilitado la transmisión desde Xinjiang hacia Oriente de decisivas conquistas tecnológicas, tales como el empleo del bronce y el hierro, y el uso de carros de combate y de estribos para los caballos. Lástima que este tipo de conjeturas no puedan compaginarse con una cronología apoyada por la arqueología, aparte de que la supuesta congruencia del resultado lingüístico y antropológico no posee ningún fundamento científico.

Con más cautela se ha procedido al clasificar las representaciones de donantes que adornan las paredes de los santuarios en cuevas budistas y maniqueístas del límite del Takla Makan y el Gobi. Con excesiva rapidez se relacionan las personas allí reproducidas por su constitución corporal, color del cabello o rasgos faciales con grupos que solo son definidos como unidades lingüísticas. En tanto no haya referencias fiables de la

3. Lenguas e identidad

Antigüedad, sino que únicamente se disponga de vestigios de una percepción ajena no siempre reflexiva, tiene poco sentido establecer hipotéticas relaciones o incluso poner «orden» en la variedad de pueblos existente entonces en el Asia central, orden que se ha mantenido en épocas posteriores.

4. Estados y confederaciones

La historia de la Ruta de la Seda está caracterizada en cierta medida por un complicado juego de cambio y continuidad. Mientras que sobre todo en Asia central los cambios de soberanos y alianzas a menudo se sucedían a un ritmo rápido, en general las zonas limítrofes transmiten una impresión de estabilidad. En Occidente esto puede decirse en especial por el despliegue de poder que partía del Bósforo: en primer lugar por Bizancio (395-1453), que se veía además como sucesor legítimo de Roma, y después por el Imperio otomano (en Estambul de 1453 a 1922).

En cambio, en el Oriente es China la constante decisiva. Con seguridad, la «unidad nacional» que se quiere proyectar al pasado refleja solo relativamente la realidad histórica, pues bien mirado, en los dos últimos milenios prevalecieron fases de disgregación (especialmente pronunciada de 221 a 588 y de 907 a 975) y de dominación extranjera; además, varió el tamaño del territorio, que fue conquistado por pueblos vecinos venidos de las zonas esteparias. En el norte se establecieron los tuoba (dinastía Wei del Norte, 386-534), los kitán (dinastía Liao, 937-1125), los tangut (dinastía Xia del Oeste, 1038-1227) y los jurchen (dinastía Jin, 1115-1234). Por su parte, los mongoles (dinastía Yuan, 1280-1367) y los manchúes (dinastía Qing, 1644-1911) lograron controlar el conjunto del territorio del Estado hasta la costa meridional.

El «Hijo del Cielo»

Por otra parte, no debería desdeñarse la fuerza de atracción y de estructuración que la cultura china ejerció sobre los invasores extranjeros y sus descendientes. Con asombrosa rapidez, los «bárbaros» y sus hijos adoptaron la mayoría de sus estructuras burocráticas y sus fundamentos ideológicos; buscaron principalmente la continuidad en el contacto con la doctrina política, cuyo núcleo se remontaba a una época anterior a la era cristiana, y se trataba del mejor instrumento para legitimar el dominio de una nueva dinastía.

Al emperador, que se presentaba como el «Hijo del Cielo», correspondía garantizar la armonía entre la humanidad y el cosmos. Su autoridad, según esto, alcanzaba no solo a un territorio encerrado dentro de límites culturales, políticos o militares, sino, al menos en principio, a todo el universo, que estaba graduado según la medida en que cada país y pueblo se sometía a sus pretensiones hegemónicas de cuño confuciano. Como soberano del Imperio del Centro manifestaba básicamente tan solo una parte de su plenitud de poderes.

A la estructura autoritaria del Estado correspondía en diversos aspectos la de la familia, en cuyo interior los privilegios y deberes de cada miembro estaban claramente regulados y jerárquicamente graduados.

A diferencia de la posición de que gozaba el jefe de un grupo familiar, el «mandato del Cielo» en el que el emperador se apoyaba estaba en continuo peligro: en cualquier momento, catástrofes naturales, hambrunas, devastaciones enemigas, rebeliones, signos que auguraban desgracias o demoras en la tributación podían valorarse como señal de la pérdida de la soberanía y para la legitimación de una nueva dinastía.

El peligro amenazaba sobre todo desde el norte. Allí, la Gran Muralla es muestra de una estrategia más bien defensiva. Hasta el siglo XVI no adquirió su carácter actual de obra maciza y casi sin huecos. En todo caso, no era una barrera infranqueable, de modo que la corte, que a veces no podía resistir militarmente el asalto de los pueblos de las estepas, estaba volcada en otros proyectos e iniciativas: en primera línea, la generosa distribución de donaciones, la adjudicación de títulos rimbombantes y el casamiento de princesas. Sin embargo, el puente más importante para la superación de las dificultades económicas, políticas y culturales era un comercio regulado, y en este aspecto, la Gran Muralla ofrecía al Estado la posibilidad de controlar y regular la afluencia de mercancías. En este sentido, las puertas fueron en casi todas las épocas tan importantes como los baluartes.

4. Estados y confederaciones

El sur, por el contrario, se contemplaba como zona de expansión más o menos «natural», cuya población nativa podía ser relegada sin consecuencias a regiones cada vez más apartadas e inhóspitas. Para mantener en el mínimo posible el esfuerzo de la colonización, los funcionarios se servían de las autoridades locales, a las que dentro de su territorio se las permitía tener bastante autonomía, siempre que reconocieran la soberanía del emperador.

Así se crearon zonas limítrofes que representaban cierta distancia de seguridad en relación con aquellos «bárbaros» rebeldes a los que aún no se creía poder hacer llegar las bendiciones de la civilización china; de este modo era posible reducir sensiblemente intervenciones militares de elevado coste. Con una parte mínima de los medios que quedaban disponibles por este ahorro y con algunos asesores se podía cambiar a una táctica de estrechar lazos, orientada muy eficazmente a la reducción «voluntaria» de la independencia política y cultural de los pueblos vecinos. Un número creciente de mercaderes y campesinos inmigrantes aceleraba más tarde el proceso de sinización, hasta que por fin los seguían de cerca funcionarios delegados del gobierno central con intereses fiscales.

Allí donde limitaban con estados más poderosos, la implantación de las pretensiones hegemónicas dependía de la mayor o menor fuerza del Imperio y de su soberano. Es cierto que no solo al «Hijo del Cielo» le eran provechosas estas relaciones; también para los príncipes que gobernaban en los países vecinos era ventajoso el reconocimiento del emperador como cabeza rectora del mundo civilizado. Su subordinación, a menudo nada más que nominal, producía a su vez su legitimación y aseguraba su posición. En la red de vínculos que se constituía así –entre soberanos, no entre estados– estaban unidas sobre todo aquellas dinastías orientadas ya desde hacía un tiempo a las normas de la cultura china: en Corea, en Vietnam y en las islas Ryukyu, y de forma distinta incluso en Japón.

El Imperio del Centro se mostró flexible y capaz de adaptarse, sobre todo cuando se trataba de fomentar contactos con países lejanos, como por ejemplo ocurrió en el marco de las grandes expediciones marítimas que en el siglo xv llegaron hasta el océano Índico y las costas orientales de África. En los barcos se hallaban también hombres armados, pero los capitanes muy rara vez estaban dispuestos a usar la fuerza. Además, los gobernantes locales en general no se convencían por demostraciones de fuerza a reconocer el derecho hegemónico del emperador, sino por gestos pacíficos. Y así, las legaciones chinas no tuvieron inconveniente en resaltar en la península de Arabia la importancia de las mezquitas y en elogiar en Ceilán la fama de Buda.

Es cierto que la historiografía china en modo alguno está libre de arrogancia, y algunos pueblos, como los javaneses, son citados casi siempre con rechazo y desdén. Pero, por otra parte, a veces muestran una gran admiración. Esto puede verse por ejemplo en la descripción de Roma, transmitida en la *Historia de la dinastía Han tardía,* compilada en el siglo v:

En cuanto a la grandeza y la organización unitaria del pueblo, aquel Estado se encuentra en el mismo nivel que el Imperio del Centro. [...] Respecto al carácter, la gente es extraordinariamente íntegra. En los mercados los precios están unificados; los cereales y [otros] alimentos normalmente son baratos. Se caracteriza el Imperio por su riqueza y abundancia. Los legados de los países vecinos son conducidos desde la frontera hasta la ciudad imperial con caballos de postas y allí se les obsequia con oro y plata. El rey quería desde hace tiempo establecer relaciones diplomáticas con el [Imperio] Han. Sin embargo, los partos querían ser [los únicos] en llevar a cabo el comercio de la seda [con Roma]. Por ello cerraron las fronteras y no permitían el paso a nadie.

La imagen de Dios

Al igual que la clase dirigente china, en Bizancio la élite en el poder tenía la conciencia de ser los elegidos, conciencia que basaban sobre todo en su superioridad cultural frente a los «bárbaros». Se consideraban dentro de la tradición del helenismo que un día había conquistado el mundo, y fundamentalmente se definían a partir de una imagen derivada de la Antigüedad. A veces su retórica se mostraba demasiado complaciente con esta herencia, por lo que acabó arraigando una impresión de decadencia, incluso en algunos campos de la ciencia.

Pero la exaltación de lo griego no bastaba evidentemente como fundamento ideológico, de ahí que para la necesaria estabilidad política hubieran de velar por los abundantes préstamos del Imperio romano y garantizar la legitimación del emperador a partir de los fundamentos cristianos. El derecho al trono basado en estos principios se refería a dos esferas: en una, era elegido por Dios como su representante en la tierra para regir el Imperio bizantino; en la otra, sin embargo, su soberanía y su misión se extendían a la tierra entera, según los conceptos del *Orbis Romanus* y la *Pax Romana*.

En principio al menos, esto era válido, y de hecho, la vanidad griega no dejaba de impedir cualquier sentimiento espontáneo de vinculación; en definitiva, faltaba en este concepto la permeabilidad social que en la Roma de los primeros tiempos del Imperio permitía a cualquier «descendiente de bárbaros» lograr la ciudadanía e identificarse con las normas y valores del Imperio. El Imperio, por otra parte, había surgido esencialmente de campañas militares exitosas, no gracias a visiones cumplidas; con una robustez arraigada en la tierra logró mucho mejor que su sucesor de Oriente convertir en aliados a los pueblos sometidos.

Este sentimiento bizantino de ser los elegidos no parece haber estado unido en los últimos tiempos con el necesario deseo de gloria. Esto es lo que indica la sucesión de catástrofes políticas y militares que acompañaron al lento declive del Imperio. Pero más gráficas aún son tal vez las polémicas observaciones que hizo Cecaumeno en el siglo XI sobre los «emperadores sedentarios», en referencia a los emperadores bizantinos de su época:

4. Estados y confederaciones

Figura 9. Caravasar en Damasco (fotografía del siglo XIX).

Los generales y emperadores romanos siempre pensaron como yo te lo digo, lo mismo si gobernaban desde Roma o desde Bizancio [...] Permanecían en Oriente o en Occidente, en cualquier caso en Constantinopla permanecían poco. Entonces reinaba la paz en todas las tierras: en toda Europa, en Libia y en la mayor parte de Asia [...]. Armenia, Siria, Fenicia, Palestina, Egipto e incluso la grande y muy elogiada Babilonia estaban sometidas a los romanos. Pero desde entonces ha sobrevenido a los hombres una gran apatía o mejor [formulado] se ha extendido una especie de enfermedad contagiosa. Por ello, al Imperio Romano ya no podía sucederle nada bueno.

El gobernador de los creyentes

En el mundo islámico, la pretensión de dominio se dirigía originariamente sobre todo a la comunidad de los creyentes. Según la tradición suní, el califa («sucesor») asumía la función de jefe religioso de todos los musulmanes y basaba su posición en una línea de descendencia en cuyo origen estaba el Profeta. Más tarde, esa pretensión de universalidad se abandonó, y muchas competencias que sostenían su autoridad civil se transfirieron de hecho al sultán («señor»), que dependía, al menos en principio, de quienes lo investían, y únicamente gobernaba en un determinado terreno.

Sin embargo, se trató una y otra vez de mezclar lo político y lo religioso de tal modo que la autoridad y el poder no pudieran ser minados por intrigas y amenazas de revueltas armadas. Así, una inscripción del siglo XI aconseja nombrar a un imán («caudillo»), que uniría ambas posiciones, y resume sus tareas en diez puntos: *1)* preservar los principios del islam y evitar innovaciones inadmisibles; *2)* arbitrar en litigios y conflictos; *3)* garantizar la seguridad pública; *4)* controlar la administración de justicia en casos de alta traición y delitos económicos; *5)* asegurar las fronteras con los países no musulmanes; *6)* llevar la guerra santa contra los infieles; *7)* recaudar los impuestos preceptivos; *8)* distribuir los ingresos del Estado según criterios razonables; *9)* delegar las tareas de gobierno en colaboradores dignos de confianza y competentes; y *10)* examinar todas las decisiones políticas importantes y rectificar posibles errores. Evidentemente, resultaba imposible cumplir con todas estas tareas.

Como los líderes de otras dinastías musulmanas, los sultanes del Imperio otomano llevaban también el título de califas. Sin embargo, hasta el siglo XVIII no volvieron a asociar al título la pretensión de universalidad. El propósito de esto era en primer lugar la creación de una base ideológica para llevar a la realidad ideas de amplio panislamismo. Hasta entonces habían preferido que se les llamara «guardianes de los Santos Lugares»; el dominio de La Meca y la protección de los peregrinos que allí llegaban eran los mejores garantes de una legitimación general amplia, como ya sucedió en tiempos de los omeyas (661-750 en Damasco), abasíes (750-1258 en Bagdad) y mamelucos (1250-1517 en El Cairo).

El *hadj* es uno de los cinco pilares del islam. Cada musulmán libre mayor de edad, que esté psíquica y económicamente capacitado, está obligado por el Corán a emprender una peregrinación a La Meca al menos una vez en su vida, incluso si vive en un país lejano; es un viaje largo y arriesgado. La protección de los caminos de peregrinación, incluidos en gran medida en la red de los de la Ruta de la Seda, era una de las prioridades de un soberano universalmente respetado. Igualmente importante era el mantenimiento de extensas zonas de influencia, pues solo cuando la seguridad, el abastecimiento y el transporte estaban garantizados por un complicado juego de acuerdos –en el que se combinaban actitudes amistosas con otras amenazantes–, el *hadj* podía llegar a término con éxito. Éxito no solo para cada peregrino, sino para el correspondiente «gobernador de los creyentes».

Por otra parte, La Meca no era únicamente un lugar de contemplación piadosa; era también un importante mercado, y no solo los mercaderes aprovechaban la ocasión: muchos peregrinos vendían objetos que habían traído consigo para cubrir los gastos del viaje, y adquirían productos que a su vuelta podían revender más caros. Sobre todo cambiaban así de dueño raros artículos de lujo. Hasta la porcelana china llegaba a la ciudad en tan gran cantidad que se convirtió en el regalo preferido de la nobleza local. Aun así, no siempre despertaba tal regalo un agradecimiento entusiasta: un visir otomano de visita en Bagdad hizo que sus caballos pisotearan un juego de porcelana de más de mil piezas porque su anfitrión no había observado el necesario protocolo al hacerle entrega del regalo

El dueño del mundo

Si se les pide que traten de identificar cuáles consideran que son imperios universales, a los europeos cultos probablemente se les ocurrirán las más diversas propuestas, pero en su mayoría pensarían en su propia historia, del *Imperium Romanum* al *British Empire*. La inclusión del Imperio mongol del Gran Kan sería excepcional; aún hoy mucha gente le asocia en principio la imagen de hordas asesinas recorriendo las estepas a caballo, y no la creación de un Estado organizado.

4. Estados y confederaciones

No es posible rechazar del todo esta idea de «pueblos malditos, abominables y odiosos»: el recurso ostensible a la violencia era de hecho una de las estrategias centrales de los mongoles. Aun así, no puede pasarse por alto que en el transcurso de la historia ningún otro imperio, incluida la Unión Soviética, logró tener bajo su control un territorio continuo tan gigantesco y garantizar la que se conoce como *Pax Mongolica*. Su zona de dominio abarcaba del mar de la China al Báltico, una superficie alrededor de setenta veces la de la actual Alemania, y en su interior, casi toda la que corresponde a la red de caminos de la Ruta de la Seda.

El Imperio alcanzó dicha extensión tan solo unos decenios después de la muerte de Gengis Kan (1227), pero sin sus exitosas campañas de conquista y sus reformas sociales nunca habría llegado a existir. Gengis logró acabar con jerarquías heredadas y crear un orden en el que la posición social ya no estuviera regulada por el linaje, sino por las propias acciones y servicios. Los miembros de la casa real estaban excluidos de este principio, pero el Kan era partidario de conceder la protección debida a sus más leales y comprometidos hombres.

Según este principio, y sin tener en cuenta su origen, podían integrarse en el poder no solo personas o grupúsculos, sino pueblos enteros. A pesar de algunas ordenanzas que situaban en primer lugar las líneas de separación entre los grupos étnicos –y sobre todo la exclusividad de los mongoles–, las diferencias de lengua, cultura y estructura social funcionaban solo como trabas para la integración gradual. A quien se oponía se le masacraba brutalmente, ya que la estrategia desarrollada por Gengis tendía a la victoria total sobre el enemigo, no a conseguir un botín sin más. Y así, no solo surgía la posibilidad de una integración relativamente sin complicaciones y la perspectiva de un ascenso social en el futuro, sino también un terror psicológico que emanaba de una permanente demostración de superioridad.

En la generación siguiente se terminaron de crear las bases administrativas que garantizarían la duración de este Imperio en expansión. En el contexto de la Ruta de la Seda, la emisión de papel moneda fue tan importante como la construcción de instalaciones de abastecimiento, en particular de fuentes y almacenes. Además se añadió una medida totalmente nueva, como fue la creación de un servicio de correos con más amplia infraestructura y más rápido que el anterior, no caracterizado por su excesiva velocidad. La descripción de Marco Polo, sin embargo, es un poco exagerada:

> En cada uno de los caminos principales se pueden hallar lugares de parada para alojarse y comer los viajeros [...] a una distancia de veinticinco o treinta millas. [...] Allí están a disposición cuatrocientos magníficos caballos para que todos los enviados del Gran Kan y todos los mensajeros puedan detenerse allí y cambiar sus caballos. Incluso existen tales servicios en montañas despobladas [...] apartadas de las grandes rutas. Las gentes que allí viven por orden del Gran Kan tienen que cultivar la tierra y cumplir el servicio de postas. [...] No menos de doscientos mil caballos están a disposición de los correos, y diez mil edificaciones

4. Estados y confederaciones

están provistas de las instalaciones necesarias. [...] Entre las mencionadas paradas de postas se encuentran cada tres millas pequeños pueblos con unas cuarenta cabañas en las que se instalan los mensajeros al servicio del Gran Kan. Su llegada puede percibirse ya desde lejos porque de sus cinturones cuelgan varias campanillas. Así puede el correo del pueblo siguiente mantenerse alerta para coger el envío y salir corriendo con él.

A pesar de tales medidas, el Imperio se desmembró relativamente pronto, sobre todo porque no logró armonizar el dominio legitimado por éxitos militares y el carisma personal con instituciones que se habían tomado prestadas de las estructuras burocráticas de Estados sometidos y organizados de manera por completo diferente. Faltaba además una doctrina política bien elaborada y una imagen del mundo bien estructurada, de modo que la autoridad del «Kan del gran pueblo poderoso, igual al océano» (como se dice en una carta de Guyuk al papa Inocencio IV), no podía estar cimentada de forma duradera.

Entre autonomía y despotismo

La creación de un Imperio tan gigantesco fue un caso espectacular pero aislado. Asia central estaba formada por unidades regionales menores, cuyos habitantes trataban de preservar su identidad dentro de una dependencia de poderes que cambiaban con frecuencia y soportaban más o menos estoicamente esta dependencia. La unidad territorial no era algo presupuesto, y las ciudades-estado –o las ligas que formaban varias de estas– podían tener muy larga vida. Esto muestra por ejemplo la historia de Sogdiana. En la zona situada entre el Amu Daria y el Sir Daria se practicaba una agricultura intensiva, para lo que ya en época muy temprana se establecieron sistemas de regadío bien ideados. Durante siglos, la importancia de su comercio fue al menos de igual nivel.

Absolutamente legendario era el sentido que para los negocios tenía la población, por lo que «sogdiano» se usaba en la lejana Khotan como una denominación más general referida a comerciantes de cualquier origen. Para ensalzar sus dotes de individuos emprendedores surgieron todo tipo de leyendas en consonancia, e incluso los chinos se animaron a hacer algunas fantasiosas descripciones:

> Las madres dan a sus hijos de comer azúcar, en la esperanza de que sus palabras se hagan dulces después; les untan engrudo en las palmas de las manos para que los tesoros [que toquen] se [les] queden adheridos. Estas gentes son hábiles comerciantes. Con cinco años se les acostumbra a los muchachos al estudio de los libros. Una vez que los han entendido, sigue el aprendizaje [de la práctica] del comercio.

Los vestigios arquitectónicos que nos han llegado transmiten la impresión del estilo de vida urbano que esto posibilitó; no solo los restos del palacio del soberano que en el siglo VIII se levantó en la ciudadela de

Pendshikent (en el actual Tayikistán) dan un soberbio testimonio, sino numerosas casas privadas que apenas le iban a la zaga en magnificencia. Las excavaciones arqueológicas reflejan un orden político que solo llegó a florecer en Sogdiana cuando el país no estuvo sometido a sus vecinos expansionistas, como tantas veces ha ocurrido en la historia. En estas fases, cada ciudad gozaba de una amplia autonomía, y los miembros de la nobleza tenían considerables derechos, como intervenir incluso en la elección del soberano. Incluso en tiempos de dominio extranjero, los sogdianos lograron conservar en general el mínimo de flexibilidad imprescindible para tener libertad de movimientos y garantizar el éxito económico individual y la prosperidad de la región.

En diversos aspectos, la situación de partida era comparable en aquellos oasis que se hallaban en las zonas limítrofes del Gobi y el Takla Makan. Sin embargo, y por citar solo un ejemplo, la estructura del estado en

Figura 10. Ruinas de la ciudad de Jiaohe en el oasis de Turfán.

Kosho se caracterizaba por unas estructuras autocráticas; para casi todas las decisiones era preciso el permiso del príncipe. Además, no podía negarse la orientación de Kosho hacia el Imperio del Centro incluso en aquellas épocas en las que su pretensión de hegemonía carecía de posibilidades de confirmación. Esto evidencian en la actualidad las ruinas de varias ciudades, que en su organización, estructura y distribución siguen muy de cerca sus modelos chinos.

En el mundo de las islas del Sudeste Asiático hubo sociedades que funcionaban sin instancias de gobierno centrales y que se podían calificar de muy igualitarias. Precisamente en aquellos pueblos conocidos por sus actividades comerciales –como, por ejemplo, los buguineses, los de Macao o los malayos– la situación se presenta distinta. En la medida en que lo podemos rastrear, las actividades económicas, sociales y religiosas esenciales eran coordinadas por minorías dirigentes relativamente pequeñas, y seguramente esto no fue consecuencia de la política colonial europea, aunque los gobernantes extranjeros sin duda contribuyeron a fortalecer estas tendencias centralizadoras. Más duradera fue la influencia que ejercieron en una época mucho más antigua las concepciones políticas del budismo, del hinduismo y del islam.

No habría de subestimarse la importancia de la religión en la creación, mantenimiento y justificación de posiciones de poder. También en la religión estatal china o mongola, en la que faltaba una referencia concreta a la divinidad, la reivindicación del poder tenía en último término un fundamento cósmico. Es evidente

4. Estados y confederaciones

que el nacimiento de imperios jerárquicamente estructurados no se explica solo por esto, y que debería renunciarse al modelo de explicación por una sola causa. Lo mismo puede decirse del postulado del llamado «despotismo oriental», según el cual la regulación de los ríos para evitar las inundaciones e irrigar los campos de cultivo habría obligado a un esfuerzo administrativo que únicamente podría haber sido coordinado por un aparato represivo en toda regla.

5. Comercio y tributos

Por lo general se piensa que la Ruta de la Seda era en primer lugar una red de rutas comerciales; sin embargo, son tremendamente imprecisos los conocimientos que tenemos sobre las actividades comerciales en sus principales nudos de tráfico. Únicamente en algunas regiones pueden reconstruirse a veces con seguridad dichas transacciones, y en todo caso dentro de un marco temporal breve. En cuanto a una vinculación amplia de las distintas empresas, hay una falta de información casi total, menos en el plano teórico –en el cual los partidarios de un amplio «sistema global» interpretan sus modelos– que en el análisis de los hechos, en el que se sondean en profundidad las relaciones históricas entre sucesos atestiguados.

Los mercaderes

Pocas fuentes ofrecen una referencia en relación a la praxis y a lo cotidiano. Por ello destacaremos aquí el

5. Comercio y tributos

librito sobre el comercio escrito por Francesco Balducci Pegolotti, en el que se describen las estrategias que debía conocer un comerciante europeo que viajara a China en el siglo XIV:

> En primer lugar has de dejarte crecer una larga barba y renunciar [del todo] al afeitado. Cuando contrates en Tana [una ciudad cerca de la desembocadura del Don] a un intérprete, no has de reparar en gastos, pues los costes adicionales de un buen [colaborador] son menores que el ahorro que produce [por la calidad de su trabajo]. Además sería recomendable llevar al menos dos buenos mozos que dominen el cumano [una lengua turca]. Si el comerciante quiere llevar consigo a una mujer de Tana, puede hacerlo. No es necesario ni imprescindible, pero sí ventajoso en comparación. También ella ha de estar familiarizada con la lengua cumana, como los mozos. Para [el camino] de Tana a Gittarchan [Astracán] debes proveerte de provisiones para veinticinco días, es decir, de harina y pescado salado, ya que a lo largo de la ruta encontrarás suficiente carne en todas partes. De modo semejante hay que proceder en todos los lugares de mercado [importantes] en el viaje de un

Figura 11. Vendedor de tejidos en el bazar de una ciudad uzbeca. (Fotografía de alrededor del 1900).

país a otro. [...] Puedes partir de que un mercader, [acompañado de] un intérprete y dos mozos y [que lleva consigo] mercancías valoradas en veinticinco mil florines de oro ha de gastarse entre sesenta y ochenta sommi de plata [al cambio entre trescientos y cuatrocientos florines de oro] en su camino a Gattajo [China]. Nada más, si se administra bien. [...] Toda la plata que los mercaderes llevan consigo a China la confiscan los señores de allí y pasa a alimentar sus arcas. En lugar de la plata que trajeron reciben billetes, o sea, papel amarillo provisto del sello de este soberano.

Junto a estas indicaciones, la guía contiene toda una serie de relaciones, como listas de los pesos usuales, tamaño de los paquetes y monedas, así como directorios con los impuestos y tasas que habían de abonarse en los distintos lugares de transbordo. Y sobre todo permite sospechar el amplio espectro de mercancías que se ofrecían en los mercados entre el Don y el Huanghe, desde damasco hasta cibelina, desde miel hasta vino.

Por otra parte, Pegolotti anima a sus colegas a la honradez y la franqueza. En su opinión, los acuerdos debían mantenerse aunque el afán de lucro pudiera sugerir otras opciones. Sin embargo, no debemos suponer que los mercaderes gozaran por doquier de aquella popularidad que elogia un texto que se había redactado unos siglos antes en el oasis de Turfán:

Sin cesar [...] los mercaderes se ocupan del comercio y proporcionan ganancias. [...] De Oriente a Occidente van

5. Comercio y tributos

Figura 12. Animal de carga al pie de las montañas. (Dibujo de una pintura mural en Dunhuang).

para realizar tus deseos. Traen consigo miles de tesoros, las maravillas del mundo. [...] Así son todos los comerciantes. ¡Ábrete a ellos! ¡Mantén la puerta franca para ellos!

Artículos de lujo chinos

El más importante artículo chino de exportación era aquel material que dio nombre a la ruta: la seda. Con este término nos referimos en general a tejidos cuyos hilos se extraen de la secreción glandular que se origina en la transformación en crisálida de diversos tipos de larvas. El gusano de seda *(Bombyx mori)* garantiza una calidad muy alta; en su estadio de crisálida se alimenta preferentemente de las hojas de la morera blanca *(Morus alba)*, y en China era ya criado mucho antes de la fundación del Imperio. La finura del hilo se puede medir mejor tal vez por su peso: en una longitud de más de 9 kilómetros alcanza un peso por debajo de los 3 gramos.

Cierto es que son precisos aún algunos pasos antes de que los textiles tomen forma en el telar: se empieza poniendo el capullo en agua caliente (para matar las crisálidas), se pasa luego a devanar (unir fibras en madejas más gruesas) hasta desgomar por fin (aligerar de la sustancia gomosa que recubre la seda cruda). La variedad de telas abarcaba ya en la China de la dinastía Han el shantung, la gasa, el crep, el damasco y el brocado. Los modelos se lograron fundamentalmente empleando hilos coloreados de distinto modo, así como imprimiendo o bordando una vez acabado el proceso del tejido.

A más tardar en la época en torno al nacimiento de Cristo, la seda llegó en cantidad a Asia occidental, al norte de África y a Europa. En particular resultan impresionantes los restos de Palmira (en la actual Siria). Aunque algunos hallazgos arqueológicos apuntan a una difusión claramente anterior, son muy discutibles los indicios de que los tejidos llegaran ya en la primera mitad del siglo I del Lejano Oriente a Egipto, al Egeo y al sur de Germania. También es difícil de sostener la idea sustentada en diversas líneas de la tradición, según la cual el monopolio de la fabricación de la seda se rompió después de varios siglos por obra del «espionaje industrial».

En qué medida la moda de principios de la época imperial en Roma se caracterizaba por el empleo de la seda lo muestra la creciente especialización de los comerciantes dedicados a este producto de lujo *(sericopoipoi, sericarioi, negotiatores sericarii)*. Además, las observaciones de numerosos autores –Horacio, Suetonio, Tácito y Dion Casio, entre ellos– transmiten la valoración de un tejido apreciado no en último término por su transparencia. Pero mirada de los escritores no siempre es de aprobación, como ilustra este pasaje de Séneca:

> Veo vestidos de seda –si es que merecen el nombre de vestidos– en los que no hay nada con lo que pueda cubrirse el cuerpo o al menos las vergüenzas. Cuando una mujer se los pone, supondrá con buena conciencia que no está desnuda. Estos [trajes de seda] son adquiridos a un enorme precio a pueblos que no son conocidos por su comercio: [solo] para que nuestras mujeres dejen ver de ellas tanto en público como a los adúlteros en el dormitorio.

La amonestación no logró el efecto deseado y la austeridad difícilmente puede contarse entre las características de los siglos siguientes; el interés por la seda tampoco dejó de crecer.

Es discutible que tengan razón aquellos historiadores que culpan de la decadencia económica e incluso de la caída del Imperio romano a la demanda desmedida de este costoso artículo. Además, el tejido también logró una distribución análoga cuando Oriente y Occidente se definían sobre todo por el predominio del islam y el cristianismo. Así, al morir el califa abasí Harún al-Rashid en el año 809, no solo dejó armas, joyas y perfumes, sino en especial tejidos, entre ellos innumerables trajes, así como enormes cantidades de cojines, cortinas y alfombras de seda.

En la lista de su herencia figuran también «mil vasijas de China». Posiblemente se trataba de gres cerámico, como la cerámica de la época Tang procedente de las excavaciones en Samarra (en el actual Irak); entonces la porcelana se fabricaba en el Imperio del Centro en una cantidad mínima y su uso estaba reservado propiamente a la corte imperial. La reticencia de aquella época a exportar el «oro blanco» la atestigua también la carga de un barco naufragado en el siglo IX no lejos de la costa occidental de Borneo, y cuyo puerto de origen posiblemente estaba en el golfo Pérsico. En el rescate de la carga se hallaron no menos de 67.000 vasijas de barro, en general de la mejor calidad, pero ni un solo objeto de porcelana; estrictamente solo hay artículos de caolín, feldespato y cuarzo cocidos a altas temperaturas, que se distinguen por un material blanco que deja pasar la luz y tintinea.

Al parecer, antes de la dinastía Ming no se produjo porcelana expresamente para la exportación a regiones situadas más allá del océano Índico. De esa época procede la mayoría de las piezas que fueron halladas en excavaciones en la costa septentrional y oriental de África; allí eran originariamente expresión de categoría en lo material, como sucedía en los castillos de la nobleza francesa, en las casas de los mercaderes holandeses y en los palacios del Imperio otomano. A menudo las bandejas, platos y jarras llegaron a ser parte integrante de importantes colecciones, como la reunida en Estambul por los sultanes desde el siglo XV y que constaba de más de 10.000 piezas.

A partir del siglo XVII, las naciones comerciantes de Europa, sobre todo holandeses y británicos, provocaron un enorme aumento de las cifras de exportación. Así por ejemplo, en 1756 una sola lista de encargos de la Compañía de las Indias Orientales holandesa contiene, entre otros, los siguientes apuntes: 100 fuentes de pescado, 200 soperas, 8.000 tazas para caldo, 1.000 teteras, 194.000 tazas de distintas formas para café y chocolate, así como 1.400 jarritas de leche. La mayor demanda se dirigía a los artículos de color blanco con azul, mucho menos apreciados en el propio Imperio del Centro, y en los que la decoración se realizaba antes del vidriado y la cocción con cobalto. Para este procedimiento, por lo demás, las manufacturas chinas se habían inspirado en las técnicas de los artesanos persas.

Más o menos en la misma época creció en Europa el interés por el té, que al principio se apreciaba sobre todo como medicina. A pesar de unos precios disparados, el consumo creció espectacularmente, en especial en la primera mitad del siglo XVIII, y en Inglaterra por ejemplo se importó doscientas veces más que en los cincuenta años precedentes. ¡Y eso sin contar los artículos de estraperlo! De las más de cincuenta clases que podían obtenerse en el mercado chino, los colaboradores de las compañías comerciales solo compraban unas cuantas variedades, en especial en las regiones costeras de Fujian y Guangdong, que recibían gracias a esto una considerable cantidad de plata. En cambio, el té –que los «bárbaros» de Asia central obtenían a cambio de sus caballos, junto con papel, instrumentos de música y medicinas– procedía en su mayor parte de la provincia de Sechuán, limítrofe con el Tíbet.

Mercancías exóticas para el Imperio del Centro

El ritmo de la historia china está determinado en no pequeña medida por dos estrategias dominantes en continuo cambio, que se orientaban o bien a la apertura o al aislamiento del Imperio. Y de modo análogo se ofrecían dos alternativas económicas: una política comercial agresiva o una orientación económica restrictiva. Si se imponía esta última opción, le correspondía al emperador el papel de modelo, el cual no se encapricharía ni de una «ropa extravagante» ni de «objetos exóticos», según reza una inscripción conmemorativa del siglo I a. C. Incluso en aquellas fases en las que prevalecían los defensores de una rigurosa autarquía de la corte, en el mejor de los casos ese aislamiento funcionaba solo a nivel oficial, y las restricciones a la importación apenas provocaban, por lo general, un rápido aumento de las actividades de contrabando. De hecho, la demanda de productos de tierras lejanas no disminuía.

Una lista de productos que nos ha llegado redactada por Zhao Rugua tiene en cuenta nada más que aquellos productos que llegaban a China a través del comercio marítimo. Incluso desde esta limitada perspectiva no carece de lagunas, y si se incluyen las rutas terrestres, es mucho mayor la necesidad de completarla. Así, por ejemplo, a las piedras de contrabando habría que aña-

Figura 13. Caravana cargada en uno de los puentes del siglo XII que hay en Isfahan.

dir al menos lapislázuli, cornalina, malaquita, azabache, cuarzo, jade, diamantes y ámbar; entre los metales había que citar, entre otros, oro, plata, cobre, estaño, cinc y plomo.

Tampoco deberían pasarse por alto los innumerables animales que se destinaban a parques, praderas y dehesas de China: junto a caballos, camellos, asnos y cabras raras, también había leones, leopardos, elefantes, jirafas y gacelas, así como halcones, pavos reales, avestruces y papagayos. En los lugares de destino lo que se buscaba era solo la piel de muchos leones y leopardos, así como de martas cibelinas, armiños, focas, marmotas y ciervos.

La Ruta de la Seda

Producto	Comentario	Origen (p. ej.)
alcanfor	aceite de *Cinnamomum comphora*	Borneo
incienso	resina de *Boswellia sacra*	Arabia
mirra	resina de *Commiphora* sp.	Arabia
sangre de drago	resina de *Daemonorops draco*	Arabia
benjuí	resina de *Styrax benzoin*	Camboya
shorea	resina de *Shorea wiesneri*	Camboya
storax gardenia	resina de *Liqidamabar orientalis*	Arabia
agua de rosas	brotes secos de *Gardenia* sp.	Arabia
madera de aquilaria	esencia de las rosas de *Rosa* sp. esencia de *Aquilaria* sp.	Arabia Camboya
palo de sándalo	*Santalum album*	Timor
clavo aromático	brotes de *Syzygium aromaticum*	Arabia
nuez moscada	endosperma de *Myristica fragrans*	Molucas
madera de laca	*Tanarius maior*	Sumatra
artocárpeo	*Artocarpus* sp.	Java
nuez de areca	semillas de *Areca catechu*	Hainan
nuez de coco	fruto de *cocos Nucifera*	India
agalla de roble	excrecencia de tejido de *Quercus* sp.	Arabia
madera de ébano	*Diospyros* sp.	Vietnam
sapan	pigmento de *Caesalpina sappan*	Camboya
algodón	fibras de *Gossypium* sp.	Java
esterero	plantas textiles indeterminadas	Sumatra
raíz de costo	raíz de *Auklandia costus*	Arabia
cardamomo	fruto de *Elettaria cardamomum*	Camboya
pimienta	fruto de *Piper nigrum*	India
pimienta	fruto de *Piper cubeba*	Java
asanta	resina de goma de la raíz de *Ferula* sp.	Arabia
aloe	hojas de *Aloe* sp.	Arabia
coral	esqueleto calcáreo de *Corallium* sp.	Arabia

5. Comercio y tributos

Producto	Comentario	Origen (p. ej.)
cristal		Arabia
ópalo		India
perlas		Sri Lanka
moluscos	grandes conchas de *Conchifera* indedeterminada	Vietnam
marfil	colmillo de *Loxodonta africana*	Arabia
cuerno nasal	cuernos de *Rhinoceros* sp.	Arabia
civeta	secreción glandular de *Viverra* sp.	Arabia
plumas de alción	plumas de diversos *Alcedinidae*	Camboya
papagayos	*psittacidae* indeterminados	Vietnam
acacia arábiga	excreción de *Physeter macrocephalus*	Arabia
caparazones de tortuga	caparazón de diversas *Cheloniidae* (¿)	Borneo
cera de abeja	producto de secreción de *Apis* sp.	Filipinas

Cuadro 8. Artículos comerciales que llegaban a China por mar en la lista de Zhao Rugua a mediados del siglo XIII (en el orden en que los menciona).

Hay que mencionar, en fin, algunos alimentos más o menos exóticos, como dátiles, azafrán, lotos, nenúfares, uvas y pistachos. Mucha fama alcanzaron los «dorados melocotones de Samarcanda». Incluso al ámbito mejor documentado de Zhao Rugua –especias, medicinas y colorantes– habría que añadir muchos productos. Por otra parte, tampoco pretende ser completa la lista de artículos que hemos recogido. Únicamente permiten hacerse una idea mejor de la variedad de las importaciones:

Cardamomo (semillas de *Amomum* sp.), cúrcuma (raíz de *Curcuma* sp.), mirra (resina de *Commiphora* sp.), mostaza (granos de *Sinapis alba*), eneldo (frutos y hojas de *Anethum graveolens*), ajo (bulbo de *Allium sativum*), semillas esterculiáceas (de *Sterculia scaphigera*), betel (hojas de *Piper betle*), opio (jugo de *Papaver somniferum*), semillas de nuez vómica (de *Strychnos nuxvomica*), caña de casia (pulpa del fruto de la *Cassia fistula*), aceite de ricino (de las semillas de *Ricinus communis*), aceite de chaúlmogra (de las semillas de *Hydnocarpus* sp.), agar (diversas *Rodophyta*), agalle de pitón (agalle de *Python* sp.), cornamenta de ciervo (de diversas *Cervidae* sp.), nidos de aves (secrecciones secas de *Collocalia* sp.), vitriolo azul (sulfato de cobre), azufre (sulfuro), azurita (mineral azul), oropimente (mineral amarillo), malaquita (mineral verde), índigo (producto de fermentación de *Indigofera arrecta*), goma laca (secreción roja de *Laccifer lacca*), gutagamba (*Garcinia morella*), *Shorea robusta*.

Las cifras de importación de China evidentemente no son singulares, y pueden establecerse listas semejantes de artículos, con diversa calidad y cantidad de datos, respecto a toda una serie de emporios. El librito ya citado de Francesco Balducci Pegolotti ofrece una base de análoga solidez. El conjunto de productos ahí recogido para los mercados de Constantinopla y su entorno presenta además muchas coincidencias con los datos que Zhao Rugua había recogido un siglo antes en relación con las ciudades portuarias chinas. Como no es de extrañar, el Bósforo tiene la máxima categoría en la importación de productos de seda, y muchos artículos, como sería de esperar, proceden de la cuenca del Mediterráneo mucho más occidental; entre estos, por citar solo un ejemplo, un gran surtido de jabones, cuyo origen se localiza en Venecia, Ancona, Apulia, Chipre y Rodas.

Medios de pago

En la reconstrucción de las relaciones comerciales de larga distancia le corresponde un importante papel a la numismática. En algunas partes de Asia, en las que, a no ser por esta, la historia podría reconstruirse solo parcialmente con ayuda de testimonios escritos y arqueológicos, proporciona además casi la única posibilidad de certidumbre respecto a la ubicación temporal de determinados hechos. Esto es aplicable, por ejemplo, a la muy discutida cronología del reino de Kushán. Su conexión con Oriente puede apoyarse en primer lugar en las monedas que se hallaron en China y que llevaban el nombre de los soberanos Kujula Kadphises, Vima Kadphises y Kanishka I, de los siglos I y II d. C.

Las monedas romanas, muy numerosas en excavaciones realizadas en la India, al parecer no tuvieron ninguna relevancia en el Imperio del Centro; únicamente en su vecino meridional, en la zona del delta del Mekong, en el actual Vietnam, se halló una pieza del tiempo de los emperadores Antonino Pío (138-161) y Marco Aurelio (161-180). Mucho mayor es la cantidad de hallazgos de monedas bizantinas y sasánidas posteriores al siglo IV que pueden encontrarse habitualmente en China. Sin embargo, solo permiten sacar conclusiones limitadas sobre su papel como medio de pago. En su mayoría no proceden de tesoros escondidos en

	Soberanos	Años de gobierno
Dracmas de plata sasánidas	Shapur II	309-379
	Ardashir II	379-383
	Shapur III	383-388
	Yazdegerd II	438-457
	Peroz	459-484
	Kavad I	488-497, 499-531
	Jamasp	496-499
	Cosroes I	531-579
	Ormuz IV	579-590
	Cosroes II	590-628
	Boran	590-628
	Yazdegerd III	632-651
Sólidos de oro bizantinos	Constancio II	337-361
	Teodosio II	408-450
	León I	457-474
	Anastasio I	491-518
	Justino I	518-527
	Justiniano I	527-565
	Heraclio	610-641
	Constante II	641-668
	Constantino V	741-775

Cuadro 9. Monedas descubiertas en China procedentes del Imperio sasánida y del bizantino (algunas son refundiciones o imitaciones).

épocas de crisis, sino de tumbas en las que fueron colocadas en lugares destacados. Con frecuencia son ofrendas puestas dentro de la boca. No pocos sólidos de oro estaban además perforados, lo que permite deducir su uso como piezas ornamentales o amuletos. En muchos casos no se trata de originales, sino de imitaciones locales, como sucede con las copias de monedas chinas en Sogdiana.

5. Comercio y tributos

Si se considera el volumen total del comercio, llama la atención el número de monedas chinas que llegaban a Occidente, pequeño en comparación. Si llegaban mayores cantidades era por la ruta marítima y a las regiones situadas al oeste del océano Índico. Esto no se debía al valor material y nominal relativamente bajo de las monedas fundidas en bronce, que estaba en una relación desfavorable con su peso y volumen de transporte. Los pagos mayores con ellas eran difíciles de realizar sobre todo cuando antes de la entrega había

Tributo	Regalo a cambio
1 caballo (categoría 1)	2 balas de satén de color 2 balas de seda (calidad de impuesto)
1 caballo (categoría 2)	1 bala de seda (calidad alta) 8 balas de seda (calidad media) 1 bala de seda (calidad de impuesto)
1 caballo (categoría 3)	6 balas de seda (calidad media) 1 bala de seda (calidad de impuesto)
1 camello	3 balas de satén de color 10 balas de seda (calidad de impuesto)
1 halcón de caza	1 bala de satén de color
200 pieles de armiño	12 balas de satén de color
2 pieles de marta cibelina	1 bala de seda (calidad media)
10 pieles de ardillas	1 bala de seda (calidad media)
1 piel de lince	7,5 balas de seda (calidad media)

Cuadro 10. Equivalentes en las transacciones entre los oirates y la corte china (1426-1435).

que cubrir largos trayectos por altas montañas y desiertos. Hasta ahora, los lingotes de oro procedentes de la época de la dinastía Han solo se han hallado en pequeña cantidad. Los de plata eran mucho más usados, pero en la mayor parte de las dinastías tuvieron una circulación relativamente escasa. El papel moneda, en cambio, era indicado para la estabilidad política y económica. Fueron los mongoles, sobre todo, quienes lo impulsaron. En épocas de crisis era difícil convencer de sus ventajas a los comerciantes extranjeros.

Además era importante también que la seda china constituyera un medio de pago tremendamente estable, no solo en el país –por ejemplo, en los pagos de los servicios al Estado–, sino también en negocios más allá de las fronteras. Era, por así decirlo, la auténtica moneda de la Ruta de la Seda. Ninguna aceptación parecida tenía alguna otra moneda, ni siquiera el dirham, muy extendido incluso fuera del mundo islámico. Por último, algunas monedas solo se podían emplear en los oasis (por ejemplo, en Khotan, Kucha o Turfán) en los que se fundían o se acuñaban.

El tributo

El canje ritualizado regulaba las relaciones entre soberanos, países y pueblos no solo en Asia, pero este sistema estaba muy elaborado en China, donde la ideología estatal hacía recaer en el emperador la misión de garantizar las relaciones armónicas entre la humanidad y el cosmos. En este contexto se valoraba en importante medida la tributación *(gong)* por confirmar la legitimación imperial, el «mandato del Cielo». No pagar ese tributo se manifestaba como una aceptación insuficiente del emperador en la frontera y en el exterior del Imperio del Centro. La presión política o militar para el pago, además, solo rara vez se hacía necesaria, y la corte estaba obligada a corresponder de manera análoga y a encargarse de la manutención de las embajadas que llegaban.

Ya por el número de organizaciones estatales que se dedicaban a ello pueden calibrarse lo variadas que eran las implicaciones del «comercio diplomático». Junto al más estrecho círculo de consejeros del emperador, el llamado Gabinete Interno, en la dinastía Ming eran tres los ministerios que se ocupaban del tema de un total de seis: el Ministerio de Ritos, del que dependían las oficinas para recepciones, el culto (con departamento de traductores), las ceremonias estatales y los banquetes; el Ministerio de la Guerra, a cuya jurisdicción pertenecía la casa oficial de los huéspedes; y el Ministerio de Finanzas, que asumía los gastos de intendencia.

Figura 14. Estatua de arcilla de un buda de dos cabezas procedente de Karakoto (siglo XIII).

Los datos sobre la ración diaria correspondiente a una legación de 44 miembros, procedente de Isfahán en el siglo XV (un cordero, 8 gansos, 10 gallinas, 30 jarras de vino, al lado de cantidades no determinadas de arroz, harina, verduras, frutas, panes y dulces) proporcionan un punto de partida para saber cómo se gestionaban los gastos de manutención, sin incluir los banquetes oficiales. Y es cierto que en la política exterior china el Imperio de los timúridas tenía un valor representativo distinto del de algunos estados vecinos que estaban bajo tutela directa, por ello no hay que excluir que su manutención fuera más abundante; además, el canje de artículos se organizaba de manera distinta. En particular, en los países dominados por minorías confucianistas, el tipo y la cantidad de tributos estaban regulados hasta el mínimo detalle por un conjunto de instrucciones dictado por China. En cambio, a los soberanos que gobernaban importantes regiones de Asia occidental y central se les dejaba mucha más libertad en este sentido, y se dejaba a su criterio hasta cierto punto qué cantidad ofrecían de un determinado producto para que la cantidad del regalo en retribución se estableciera recurriendo a equivalentes.

Como fuerza dominante en Mongolia a principios del siglo XV se impusieron los oirates. En el transcurso de las relaciones con la corte Ming, el valor de los caballos y las pieles que intercambiaban bajó, pero no así su interés por la seda. Para asegurarse una cantidad concreta de este artículo de lujo, en 1446 los oirates presentaban como tributo 800 caballos, 130.000 pieles de ardilla, 16.000 pieles de armiño y 200 pieles

5. Comercio y tributos

de cibelina. Pero mientras el intervalo entre las embajadas se hizo cada vez más corto, creció simultáneamente su «fuerza de personal», y la cabeza de la confederación se vio obligada a asociarse a las propias minorías y a la mayor cantidad posible de aliados, permitiéndoles participar en los negocios para acceder al disfrute de regalos que a cada miembro de una delegación le correspondía, sin relación directa con la cantidad del tributo presentado, y en segundo lugar para gozar del trato dispensado por los que les acogían como huéspedes, muchas veces con un magnífico agasajo. Con este trasfondo, difícilmente puede extrañar que se regatease mucho en torno a las condiciones en las que sus dueños intercambiaban caballos y seda. Tampoco puede sorprender que la corte china no se alegrara demasiado cuando supo en el invierno de 1448-1449 que estaba junto a la frontera una delegación de oirates compuesta nada menos que por 35.000 hombres.

Cuando el Imperio del Centro no admitió las pretensiones de los indeseados huéspedes e intentó reducir la cantidad de regalos y agasajos, se llegó a un conflicto armado. Como consecuencia, la caballería oirate penetró en el país, y tras varias matanzas, logró apoderarse del emperador como castigo, si bien los efectos no fueron los buscados, pues la corte, después de haber cambiado en Pekín la estructura del poder político, no se avino a pagar el exorbitante rescate que pedían por liberarlo ni a la exigencia de mejores condiciones para los tributos, y sentó en el trono al hermano del emperador prisionero. Con ello quedó el castigo casi sin efecto y dañada la consideración del jefe de los oirates. Pocos años después fue asesinado.

Cuando, como en este caso, los intereses económicos y la coyuntura del poder dictaban el comercio, muchas veces apenas podían guardarse las apariencias, y las bases ideológicas del sistema de tributación quedaban expuestas al ridículo. Hasta cierto punto puede decirse esto también del canje de artículos que se realizaba fuera del tráfico diplomático oficial, en parte legal y en parte ilegal. No puede explicarse en cada caso particular si la manutención, los regalos imperiales o el producto de los negocios privados hacían tan rentable la presentación de tributos. En algunas épocas era grande el flujo, pero mientras que en general la corte se mostraba complaciente en el caso de los pueblos de Asia central –que podían ejercer una presión económica o militar–, con mucha frecuencia, en cambio, las reservas desembocaban en un áspero rechazo en el caso de las embajadas que llegaban a China desde los Mares del Sur, ante las que lo más habitual era que se mostrasen reservados y parcos y les exigieran el cumplimiento de numerosas formalidades.

El escepticismo que manifestaban los funcionarios al juzgar a los extranjeros es perfectamente comprensible. Con demasiada frecuencia estos se «infiltraban» entre los comerciantes en las delegaciones oficiales o incluso formaban delegaciones propias con ayuda de papeles falsificados o comprados. No pocas veces nos encontramos con algunos han que aparentaban ser una embajada tributaria para lograr el disfrute de regalos imperiales; muchas veces se camuflaban como

5. Comercio y tributos

pertenecientes a un grupo minoritario de la periferia del Imperio provistos de curiosos «productos locales» que solo tenían un escaso valor material, pero que poseían cierto aire exótico. Esto era conocido desde hacía tiempo, y ya durante la dinastía Song se determinaba que «cualquiera que traiga un tributo simulando ser extranjero, sea castigado con dos años de servicio en el frente».

Por lo demás, no toda ofrenda era siempre bien recibida. Por ejemplo, los animales exóticos durante mucho tiempo se consideraron apropiados para manifestar la soberanía del «Hijo del Cielo» sobre todos los seres «bajo el cielo», pero podía suceder que las autoridades competentes se hartaran de ellos cuando se los regalaban con demasiada frecuencia. Esto podía decirse concretamente del rey de los animales, según la idea europea, como lo muestra una solicitud del año 1490:

> Samarcanda obsequió con un tributo de leones y otros animales salvajes. En el interior, en los salones de los palacios, no es hermoso verlos. En los campos de fuera, junto a las tropas, no son de utilidad. Además son onerosos en diversos aspectos, los costes de su alimentación apenas pueden sostenerse. [...] ¿Qué utilidad tendrían? Por ello ruego que se prohíba a los bárbaros ofrecer en el futuro como tributo estos raros animales.

6. Peregrinos y profetas

Si el tráfico de mercancías utilizó toda la red de caminos de la Ruta de la Seda para su desarrollo, la propagación de religiones tuvo lugar solo en una dirección: hacia Oriente. Evidentemente, las creencias que tenían su origen en China no eran conciliables con las de los «países de Occidente», pues el confucianismo allí arraigado, cuyas normas regulan fundamentalmente la convivencia humana, tuvo tan escaso éxito a la hora de expandirse como el taoísmo, que básicamente representa un conjunto de cultos locales. A este último se asemeja hasta cierto punto el hinduismo, que no obstante llegó a florecer fuera de la India por algún tiempo en Camboya, Java y Bali.

El budismo

En el transcurso de sus más de dos mil años de historia, el budismo ha dado origen a innumerables escuelas. Entre ellas, se suelen distinguir como las dos fundamentales el Hinayana («pequeño vehículo») y el Mahayana («gran vehículo»), aparecida más tarde. La denominación Theravada («doctrina de los mayores»), aplicada originariamente nada más que a una rama del Hinayana, se usa hoy como sinónimo de toda esta escuela; sus adeptos prefieren esta denominación porque no contiene la connotación despectiva de «pequeña» en el sentido de «insignificante» por la que se inclinaban los seguidores del Mahayana cuando acuñaron el concepto.

La meta de todos los creyentes es hallar una salida de la rueda infinita de reencarnaciones y alcanzar por fin el nirvana (literalmente «liberación»). La superación completa del dolor y las pasiones, que allana el camino inmediato, queda reservada a unos pocos «perfeccionados». Para conseguir esta superación se presupone un grado de renuncia que en general exige una vida de retiro monacal. Sin embargo, la mayoría de la gente solo logra, a lo sumo, influir positivamente sobre la decisión de su futura encarnación, pues sus actos, tanto pecados como méritos, determinan la cualidad de la siguiente existencia.

Los seguidores de la Theravada, de decidida orientación monástica, tienen que buscar su redención por sí mismos y sin ayuda ajena. En cambio, no solo los monjes, sino también los laicos pueden esperar su camino de salvación en el Mahayana, impregnado de tradiciones locales y muy implicado en el mundo, sobre todo por medio de los bodhisattvas, aquellos *Bhuddas* futuros que por compasión hacia las criaturas terrestres han renunciado a entrar en el nirvana.

En el ámbito territorial de la Ruta de la Seda era popular sobre todo el Buda Maitreya, de quien esperaban los creyentes que, cuando llegara su momento, liberaría de inmediato al mundo del sometimiento al dolor terrenal. A su lado destacaba Avalokiteshvara, que en China recibió el nombre de Guanyin (y poco a poco adoptó rasgos femeninos), que debía garantizar ayuda en caso de peligro y necesidad. Estaba en estrecha relación con Amitabha, el Buda del Inmenso Resplandor, que prometía la «tierra feliz». Este paraíso situado en el lejano Occidente solo constituía en opinión de los sabios el preludio de la salvación, pero era extremadamente atractivo para la mayoría de la gente, a quienes les resultaba más fácil de conciliar con una idea concreta que el nirvana, más difícil de imaginar. Y no era la filigrana de la argumentación teológica, sino la fácil e inmediata legitimación de su poder lo que motivaba que algunos soberanos se hicieran reconocer a sí mismos como bodhisattvas.

No son estrictas las líneas de separación entre las diversas orientaciones del budismo, ni tampoco está siempre clara la sucesión temporal. Hay que partir, sin embargo, de que ya en el siglo II d. C. el budismo se había establecido a lo largo de las vías terrestres de la Ruta de la Seda en regiones que hoy pertenecen a Turkmenistán, Uzbekistán, Tayikistán, Afganistán, Pakistán y China. Al Imperio del Centro llegó también por mar, posiblemente por la misma época, mucho antes de que se hubiera asentado en la mayor parte del Sudeste Asiático. A este éxito contribuyeron en gran medida aquellos monjes que en los siglos siguientes

Figura 16. Representación de Buda con el Sol y la Luna. (Dibujo de una pintura mural de Dunhuang). El Sol está caracterizado por la reproducción de un pájaro con tres patas, según la tradición china.

viajaron a los lugares sagrados para descubrir nuevos escritos y definir más rigurosamente los contornos de la doctrina.

No era previsible que el budismo se asentara en China y que en algunos momentos incluso se convirtiera en la corriente religiosa dominante; muchos de sus rasgos esenciales no eran fáciles de conciliar con aquellas normas que hasta entonces habían determinado su imagen del mundo y sus ritos. Para la corte china hubieron de ser fundamentalmente una provocación: la retirada del individuo al recogimiento del monasterio cuestionaba las bases de la convivencia humana y socavaba tanto el culto a los antepasados como la importancia social de la familia. Además, la construcción de pagodas que sobrepasaban en altura a los palacios imperiales limitaba, por medios arquitectónicos, la posición dominante del «Hijo del Cielo». Lo mismo puede decirse de la gran estatuaria budista, de la que en China no había ningún equivalente profano. También las reglamentaciones en la alimentación se diferenciaban claramente.

Pero sobre todo debió de resultarles muy extraña la incineración de los cadáveres y el culto de las reliquias que se generalizaba a su alrededor, en un contexto cultural en el que se destacaba la integridad física y se percibía como manifestación ostensible de poder la exhibición pública de partes del cuerpo. El escepticismo que albergaban sabios confucianos frente a la religión fundada por un «bárbaro» queda muy de manifiesto en un memorial que el poeta Han Yu dirigió al emperador en el año 819 para frenar su entusiasmo por un supuesto hueso del dedo de Buda:

> Por su linaje Buda no era [más que un] bárbaro. Su lengua se diferenciaba del chino y no utilizaba las palabras que prescribieron los antiguos reyes. El corte de sus vestidos era distinto y no llevaba las ropas establecidas por los antiguos reyes. [Finalmente] no reconocía ni las relaciones entre príncipe y vasallos ni los lazos entre padre e hijo. Si viviera hoy en día y llegase al palacio imperial como embajador de su país, Su Majestad le recibiría cortésmente. Tras una audiencia en el salón de recepciones, un banquete dispuesto para él y el obsequio de vestiduras, naturalmente se le haría acompañar por guardias hasta la frontera para que no engañara al pueblo.

Se dice que este escrito desató una violenta explosión de ira del emperador, con unas consecuencias sumamente desagradables para su autor, que salvo la vida gracias a la intercesión de amigos influyentes; su destierro a la periferia meridional del Imperio, donde debía dar a conocer las bendiciones de la civilización china a la población nativa, fue con seguridad más un castigo que un desafío. Con todo, parece que esta involuntaria misión debió de ser un éxito; según la tradición, entre otros logros, consiguió rechazar a un gigantesco cocodrilo en un estilo auténticamente confuciano: con ayuda de una orden escrita, que arrojó al agua junto con un cerdo y una cabra.

Zoroastrismo y maniqueísmo

Los datos sobre la vida de Siddharta Gautama, al que después se llamaría Buda (el «Iluminado»), son discutidos; incluso respecto a su círculo de influencia hay algunas dudas. En todo caso puede asegurarse que vivió en el norte de la India a finales del siglo VI o principios del V a. C., y su ascética enseñanza no alcanzó mayor aceptación hasta mucho después de su muerte.

Sobre Zaratustra se sabe aún mucho menos; probablemente el hombre al que se considera fundador del zoroastrismo (mazdeísmo) nació en el siglo VII a. C. Los textos que con el título de *Avesta* se reunieron como base literaria escrita de esta religión solo llegaron a tener la forma con la que nos ha llegado en la actualidad durante la era cristiana. El punto de partida de su expansión fue esencialmente Irán, donde los sasánidas impulsaron su codificación porque querían transmitir al pueblo una cosmovisión unitaria y unas normas estables.

A partir de ahí el zoroastrismo dejó su huella a lo largo de la Ruta de la Seda; la representación de altares y sacrificios en las pinturas murales de Pendshikent atestiguan de manera impresionante su presencia en Sogdiana. Es de suponer que fueran comerciantes de los centros situados entre el Amu Daria y el Sir Daria quienes hicieron que el zoroastrismo llegara finalmente al Imperio del Centro. Algunos motivos, que desde finales del siglo VI están atestiguados en China central y del norte, recuerdan sin duda por su lenguaje plástico la zona que actualmente pertenece a Uzbekistán y Tayikistán.

En este contexto, el monumento más significativo de los hallados hasta ahora se remonta al año 592. Situada a unos 500 kilómetros al nordeste de la capital de entonces, Chang'an, se trata de la cámara funeraria en la-

Figura 15. Curiosa representación de Asia occidental o central en la tumba de Yu Hong. (Dibujo según el relieve del revestimiento pétreo; siglo VI).

drillo de Yu Hong, un hombre originario de lejanas tierras occidentales que durante su vida tomó parte en numerosas embajadas y llegó a tener una destacada posición en la delegación estatal a la que estaba encomendada la vigilancia de los seguidores de Zoroastro. Los relieves sobre el revestimiento pétreo del relicario en forma de casa en que fueron recogidas sus cenizas –y después también las de su esposa– no solo muestran un mundo exótico desde la perspectiva de los chinos, sino que a través de la representación de un altar apuntan muy concretamente al rito zoroástrico.

El culto así captado en imágenes constituía el centro de una religión cuya cosmología y cuya ética se caracterizan sobre todo por un estricto antagonismo del bien y del mal. No es seguro que esta fe tuviera una buena aceptación en el pueblo chino. Entre sus seguidores predominaban los extranjeros, que se aferraban a las tradiciones que habían traído consigo.

A diferencia de lo que sucede con el budismo y el zoroastrismo, los datos sobre la persona del fundador del maniqueísmo son coherentes. Mani, nacido en Mesopotamia, murió en el 277 d. C. a los setenta años, después de largos viajes hasta Irán y la India para propagar allí su doctrina gnóstica. Sin embargo, fracasó su plan de imponerla como doctrina obligada en todo el Imperio sasánida. A pesar de la fuerte hostilidad y persecución de la que fueron objeto, sus seguidores lograron en los siglos posteriores extender su religión por un territorio que llegaba hasta Europa occidental, el norte de África y Asia oriental. A pesar de la enorme zona que abarca este territorio –entre el Atlántico y el

Pacífico–, el número de creyentes se mantuvo limitado, ya que las congregaciones locales en general siguieron siendo pequeñas; únicamente en el reino de Kosho (con centro en el oasis de Turfán) se pudo conseguir que los soberanos los protegieran de manera permanente desde mediados del siglo IX.

Mani, su profeta, se inspiraba en distintas tradiciones, en particular del zoroastrismo, del cristianismo y del budismo, a las que con el tiempo se asociaron otros elementos de diferentes lugares; así, por ejemplo, en algunas partes de China se incluyeron ideas taoístas. Numerosos testimonios escritos que se han hallado en las zonas limítrofes del Gobi y del Takla Makan nos transmiten de manera muy clara la mezcla de estas distintas tradiciones. Junto a textos litúrgicos, tratados doctrinales, colecciones de parábolas y modelos de confesiones, se encuentran también himnos en los que no solo se alaba a Mani como «Buda de la luz», sino también a Jesús, el «Rey del Nirvana», al que además se ve «administrar el agua fragante de la redención».

Pero en el centro de la religión no estaban las divinidades, sino los principios, sobre todo un dualismo derivado del zoroastrismo que se expresa en pares de opuestos, como luz y tinieblas, espíritu y materia, armonía y lucha, belleza y fealdad. El maniqueísmo se caracterizaba por una estructura eclesiástica estrictamente jerarquizada que privilegiaba a unos pocos «elegidos» obligados al ascetismo y en general organizados monásticamente. En un estatus inferior quedaban los laicos, mucho más numerosos, cuya misión más importante consistía en asegurar el sostenimiento material de los sacerdotes.

6. Peregrinos y profetas

Esto no debió de haber sido un gran problema en tiempos de estabilidad económica y política, pues muchos creyentes se reclutaban entre los mercaderes, con lo cual también en esta cuestión los sogdianos tuvieron un papel importante. En algunos momentos, el origen, la profesión y la pertenencia a una religión fueron casi sinónimos, y no es casual que en algunos escritos se invocara a Mani como el «gran guía de caravanas». Sin embargo, su más renombrado partidario, visto a distancia, no fue un rico comerciante, sino un orador tan dotado como temido: Aurelio Agustino (354-430). Es verdad que su entusiasmo no duró mucho, y después de su reconversión al cristianismo fustigó con dureza a la comunidad a la que había pertenecido como lego.

Las normas estéticas que determinaron las formas de expresión artística del maniqueísmo derivaban del dualismo inherente a él; por ello su misión era reflejar la esfera de la luz, la pureza y la espiritualidad. Los medios más importantes para conseguir esto no eran, en la medida en que lo podemos seguir, los grandes formatos, sino miniaturas y libros que habrían de encarnar la perfección de la imagen y la caligrafía. A este anhelo de perfección alude, con un matiz ligeramente despectivo sobre el esfuerzo que conlleva, el siguiente diálogo entre un oponente (A) y un simpatizante (B) que se reproduce en una obra árabe del siglo IX:

> (A) Desearía que los maniqueos no estuvieran tan dispuestos a gastar montones de dinero en un blanco y limpio papel, y en negra y brillante tinta china. Tampoco deberían conceder tanta importancia a la caligrafía y espolear

menos a los escribas. Pues de hecho no he visto aún papel alguno ni caligrafía [de tal calidad] que se acerque al nivel [alcanzado en sus libros].

(B) La escrupulosidad que los maniqueos manifiestan en el ornato de sus escritos corresponde [únicamente] al esfuerzo que los cristianos emplean en la decoración de sus templos.

Judaísmo y cristianismo

En el comercio de larga distancia favorecido por la red viaria de la Ruta de la Seda, los mercaderes judíos tenían un papel significativo. Su amplio radio de acción lo atestiguan numerosos testimonios hebreos, entre ellos inscripciones funerarias en piedra junto al Volga y otras en el valle del Indo, así como fragmentos de textos procedentes de la zona fronteriza del Takla Makan. Una posición especialmente fuerte tenían en el reino de los jázaros, situado entre el Volga y el Don, donde en los siglos VIII y IX el rey y parte de la clase más alta de la población se convirtieron al judaísmo. En cambio, no se puede confirmar la tradición según la cual ya durante el primer milenio a. C. florecieron en la India comunidades judías. También en el caso de China se atestiguan en algunas obras una inmigración en época bien temprana, pero es de suponer que no surgieran grandes comunidades antes de la época Tang.

Por entonces llegaron por primera vez al Imperio del Centro grupos bastante grandes de nestorianos que desde el siglo VII fundaron sus monasterios, si son ciertos los datos de una estela erigida posteriormente en la capital Chang'an. Ya unos pocos decenios después de su condena en el concilio de Éfeso, que tuvo lugar en el 431, se había propagado en el noreste de Irán la doctrina nestoriana, que destaca las dos naturalezas de Cristo y subraya la corporeidad en la resurrección. Desde Herat, Merv y Balkh, los predicadores nestorianos continuaron hacia Oriente extendiendo sus creencias.

Numerosos testimonios escritos procedentes de la cuenca del Tarim dan fe de los dogmas y de la liturgia propios de esta orientación cristiana llamada también «Iglesia siria oriental»; incluso se han podido identificar en Turfán los restos de un templo de esta confesión. Con el fin del Imperio mongol decayó el nestorianismo en Asia oriental. Antes experimentó un breve florecimiento sobre todo en competencia con la Iglesia católica, cuyos representantes estaban también presentes en la corte del Gran Kan.

Buscando un rito que proporcionara un marco adecuado a sus pretensiones de soberanía, los soberanos mongoles adoptaron a veces los argumentos y recomendaciones que los representantes de distintas religiones expresaban en discusiones convocadas precisamente para ello. En una de estas rondas de discusión, que tuvo lugar por iniciativa del Gran Kan Möngke en Karakorum en el año 1254, participó el monje franciscano Guillermo de Rubruk, quien lo narra así:

> Al día siguiente, el Kan envió a sus secretarios para comunicarme [lo siguiente]: «Nuestro señor nos envía porque

cada uno de vosotros, cristianos, sarracenos [musulmanes] y tuinos [budistas] afirma que su religión es la mejor y que sus sagradas escrituras contienen la más pura verdad. Por ello le agradaría que os reunieseis para confrontar vuestras doctrinas diversas entre sí. Cada uno debe escribir sus palabras para que [el mismo Kan] pueda reconocer la verdad».

Unos días después se produjo la discusión en público. Según su propia información, Guillermo había logrado antes ganar como aliados no solo a los nestorianos, sino también a los musulmanes, para que la fuerza unida de la palabra de todos los que «reconocen un solo dios» pudiera dirigirse contra los budistas, representados por un monje llegado expresamente de China. Mirando hacia atrás, el franciscano nos transmite la impresión de haber vencido en la polémica gracias a las convincentes pruebas aportadas y a su aguda retórica; la alianza previamente establecida con nestorianos y musulmanes tuvo gran influencia en la marcha de la discusión y contribuyeron a que una vez acabado el ánimo entre ellos fuera festivo (si Guillermo nos transmite fielmente el resultado):

Después de terminar de tratar estas cosas, tanto los nestorianos como los sarracenos cantaron en voz alta, mientras que los budistas se mantenían silenciosos. Al final acabaron bebiendo todos.

Pero no logró la conversión del Gran Kan, y la de todo el Imperio mongol tras él. Después, en el siglo XVII, llevaron a la práctica un plan semejante los jesuitas que llegaron al oriente asiático por la ruta marítima siguiendo a las potencias coloniales europeas, pero también fracasaron en su objetivo de cristianizar a toda China mediante la conversión de su emperador. En la búsqueda de aliados para su misión tropezaron con un sacerdote al que suponían jefe de un grupo de nestorianos que aún seguían los tradicionales rituales que habían heredado. Después resultó que el personaje que tenían ante sí era el rabino de Kaifeng, que a su vez estaba convencido de que estaba hablando con los representantes, un tanto atípicos, de una comunidad judía.

El islam

Hoy domina esencialmente los países atravesados por la Ruta de la Seda una sola religión: el islam. En el continente asiático, su zona de propagación es una gigantesca banda que abarca desde el Mediterráneo hasta la periferia occidental de China. Pero la doctrina del Profeta, generalmente en la tradición suní, no solo se predicó a lo largo de la ruta terrestre, sino también de la marítima. Y, en fin, no debe pasarse por alto que la actual Indonesia es el estado con la mayor población musulmana del mundo.

La actividad de los misioneros musulmanes no se desarrolló allí hasta época relativamente tardía, probablemente a partir del siglo XV, y llevó a una conversión al islam con resultados muy diferentes en cada región.

Ello se debe a que estos misioneros mantuvieron un contacto bastante flexible con las tradiciones locales que encontraron, las cuales acabaron determinando muchos aspectos del derecho y del los ritual. Así, numerosos musulmanes aún hoy incluyen a antepasados y espíritus en sus rituales para alejar la desgracia de la comunidad, y celebran ceremonias que originariamente servían de legitimación de los príncipes budistas o hinduistas. En aguda contradicción con esto se encuentran los cada vez más agresivos grupos ortodoxos, que censuran este tipo de concesiones a las costumbres locales como «aberraciones paganas».

Como más tarde en Indonesia, al principio la fe en Alá estuvo reservada en la China de la dinastía Tang solo a los comerciantes extranjeros que viajaban hasta allí. En los decenios siguientes, sobre todo bajo el dominio mongol, no hubo conversiones en los pueblos que vivían en la periferia occidental y cuyos descendientes tienen hoy la consideración de minorías étnicas. Algunos contenidos doctrinales habrían sido transmitidos a la mayoría de la población durante la época Han. A diferencia del budismo, que debía ser considerado por las minorías locales como un ataque a su posición, el islamismo representa principios sociales de orden que son conciliables en muchos aspectos con las normas confucianas expresadas en las relaciones jerárquicas entre soberano y vasallo, padre e hijo, marido y esposa, así como entre hermano mayor y menor.

El catálogo de estas semejanzas se esforzaron en buscarlo aquellos pensadores musulmanes que veían en la adaptación a las ideas chinas la estrategia adecuada para mantener y propagar su propia religión. Esto explica el contenido de una inscripción que supuestamente se remonta a la dinastía Ming y que se colocó en una mezquita del norte de China:

> Los hombres sabios son unánimes en su juicio y [se apoyan] en la misma verdad. Por ello pueden convencerse unos a otros sin dejar la mínima sombra de duda. [...] Mohamed, el gran sabio de Occidente, vivía en Arabia: mucho después de Confucio, el sabio de China. Aunque había entre ellos [numerosas] generaciones y países, gozan de la misma fuerza en su juicio y fiabilidad. El gran sabio de Occidente muerto hace mucho tiempo [...] enseñó [estos principios]: la purificación [ritual] [en forma de] abluciones; el fortalecimiento de la convicción a través de la disminución de los deseos; el sometimiento de las pasiones con ayuda del ayuno; el evitar los vicios como presupuesto del autocontrol; la fuerza de convicción sobre la base de la honradez y la autenticidad; el fomento de las bodas y la presencia en entierros. Desde los fundamentos éticos hasta las minucias de lo cotidiano todo está determinado por la razón, regulado por su doctrina y unido a la reverencia frente a Dios. [...] [El musulmán convencido] es buen conocedor de los escritos clásicos de su fe. En una situación de poder, puede dirigir los ritos de su comunidad y orar por la larga vida del emperador.

Así se presenta el ideal de una convivencia pacífica, que de modo semejante formularon también judíos y cristianos. Pero la realidad es que no faltaron las tensiones, que a veces se agravaban y llevaban a sangrientos enfrentamientos, en especial cuando triunfaban ciertos movimientos que provocaban entre sus partidarios una explosiva mezcla de espiritualidad y militancia.

De este modo, los métodos oscilaban entre el suave abrazo y el brutal sometimiento. Desde luego, la guerra santa no alcanzó nunca el corazón del Imperio del Centro, pero la esfera de influencia china en Asia central quedó sensiblemente disminuida por mucho tiempo tras una derrota frente a los árabes en el año 751. Por otra parte, la *yihad* no es necesariamente la masacre universal y alevosa que ha caracterizado su imagen en Occidente, ya que, en comparación con las carnicerías de las huestes de los caballeros cruzados, las batallas emprendidas en nombre del Profeta fueron casi humanas; matar o mutilar a los desarmados estaba prohibido, e incluso las medidas de pacificación habían de atenerse a determinadas normas; aquellos enemigos que habían presentado fuerte resistencia eran tratados, en consecuencia, peor que los grupos que se sometían sin lucha. Además, con los «adoradores de ídolos» el comportamiento era más rígido que con los seguidores de una religión de revelación fijada por escrito.

Solo hubo algún esporádico rechazo por parte de la población que vivía entre el Amu Daria y el Sir Daria y que se habían dejado impresionar en poco tiempo por el zoroastrismo, el maniqueísmo, el nestorianismo y el budismo. Si la tradición es cierta, allí tiene su origen una institución educativa muy importante del islam: la madrasa, una escuela superior en la que, junto a la exégesis del Corán y la interpretación del derecho, se transmiten conocimientos matemáticos, de literatura y de medicina; las primeras debieron de fundarse en Bujara en el 937. No puede demostrarse la hipótesis de que las funciones de las madrasas como comunidades religiosas, residencias de estudiantes e instituciones docentes habrían tomado como modelo a los monasterios budistas. No obstante, resulta concebible un desarrollo de este tipo en los países del «corazón» de la Ruta de la Seda.

7. Arte e ingenio

Mientras que las religiones, y las formas de expresión artística que les son propias, se propagaron básicamente hacia Oriente, en cambio en el terreno tecnológico dominó la dirección contraria. Muchos inventos que en Europa se atribuyen sin más a su propia creatividad tuvieron su origen en realidad en China. El arte de la guerra, la náutica y la imprenta no son más que algunos ámbitos en los que el *know-how* llegó a Occidente a través de la Ruta de la Seda.

Monumentos de la fe

Con más de un millón de habitantes, Chang'an, la capital china, era en la primera mitad del siglo VIII una de las pocas auténticas metrópolis del mundo. Los visitantes quedaban impresionados con los suntuosos palacios, los soberbios complejos administrativos, los ajetreados mercados repletos y los ricos monasterios con que contaba. Los acentos arquitectónicos dominantes los constituían las pagodas, que sobresalían por encima de todos los demás edificios; dos de ellas están en pie hasta hoy, y se cuentan entre los más importantes legados de la dinastía Tang: la grande y la pequeña pagoda de las Ocas Salvajes.

Su función corresponde a la que tenía la estupa en la India. Para los creyentes no era accesible el interior de los edificios, donde se guardaban en general supuestas reliquias de Buda (cabellos, un hueso, un diente...) o estaban depositados objetos y escritos especialmente apreciados. Por consiguiente, los monumentos servían para recordar al fundador de una religión y como símbolo de su doctrina.

La recepción de estas ideas y su plasmación en la arquitectura, sin embargo, fueron muy distintas. En Myanmar, donde se cultiva la herencia del Theravada y es más difícil de reconocer el influjo hindú, la estupa consta de tres elementos: *1)* una base escalonada que se suele interpretar como «montaña del mundo», *2)* un cuerpo que adopta por lo común forma abovedada; y *3)* un tejado que lo corona, al que pueden añadirse también parasoles, estandartes y «botones» de diamante. En cambio, en China, donde dominan distintas corrientes del Mahayana, la estructura de las estupas se remontaba en mayor medida a las tradiciones constructivas propias. Así surgieron torres muy elevadas que en general se organizaban de la siguiente forma: *1)* una bóveda subterránea, en la que se albergaban con frecuencia reliquias y escritos; *2)* base y zócalo; *3)* un cuerpo poligonal con un número variable de pisos; y *4)* un remate provisto en ocasiones de un espacio hueco que también puede usarse para depositar objetos.

Hasta trece pisos alcanzaba una esfera «celestial», sobrepasando con mucho los techos de su entorno. La estabilidad de las pagodas se apoyaba rara vez en una estructura de madera, a diferencia de la mayoría de los palacios y conjuntos de templos, que siempre se erigían en una forma de construcción de relativa solidez. El uso progresivo de piedra y ladrillo cocido servía para demostrar en no poca medida que estos monumentos estaban destinados a durar y estaban relacionados con el anhelo de perfección sagrada.

La pagoda del monasterio de Famen, situado a unos 100 kilómetros al oeste de Chang'an y que se derrumbó en 1981, representa una prueba imponente de esta veneración religiosa. En los trabajos arqueológicos de excavación que debían preparar su reconstrucción se descubrió bajo el edificio derruido un «palacio subterráneo» que se remonta al siglo IX y en el que se encontraba un hueso del dedo atribuido a Buda. Además estaban depositados otros muchos tesoros, gran parte de los cuales se han identificado como ofrendas de la casa del emperador; hay entre ellos 121 objetos de oro y plata, 19 recipientes de porcelana procedentes de la colección de la corte y 19 objetos de cristal; estos últimos proceden en parte del oeste asiático, dominado por el islam, y atestiguan un gran interés por la introducción e imitación de artículos de lujo procedentes de esta región, como sucede también con numerosos trabajos en metal de aquella época.

7. Arte e ingenio

Medios de expresión artística

En el contexto de las ciudades, la altura de las pagodas dependía en ocasiones de su visibilidad en un diseño urbanístico que estaba muy segmentado por barrios amurallados. En la antigua China no había grandes plazas ni nada equivalente al ágora griega y al foro romano; faltaba por lo tanto el espacio público que habría podido favorecer el nacimiento de una cultura monumental. Los retratos del soberano de tamaño mayor del natural eran tan poco corrientes como las imágenes de los dioses de gran tamaño. Hasta que no se introdujo el budismo no se creó en la pintura y en la escultura una nueva dimensión, que en la actualidad está representada por las colosales estatuas de Dunhuang, Maijishan y Yungang, entre otras.

Es cierto que en la tierra de los fundadores religiosos también pasó mucho tiempo antes de que sus seguidores se decidieran a introducir en el culto representaciones antropomórficas, y aún pasó mucho más antes de que se produjeran obras de categoría. De gran influencia fue el estilo Gandhara, así llamado por su lugar de origen, una región que se localiza como unidad arqueológica en el norte de Pakistán (en la zona en torno a Taxila y Peshawar) y en el este de Afganistán (concretamente en Bamiyán).

Mientras que los contenidos religiosos procedentes de las tierras del «corazón» budista de la India se conservaron ampliamente, su adaptación estética sufrió una revisión completa. En la dirección artística que se desarrolló probablemente poco después de la época de transición resultaron fortalecidos elementos que se remontaban a la influencia occidental y que documentaban principios estructurales del helenismo tardío, partos y romanos. En las imágenes de Buda transmitidas generalmente en forma de esculturas, esto se manifiesta en especial en las proporciones, la disposición de los pliegues del vestido y un perfil en el que destacan el cabello ondulado, los ojos abiertos y una boca claramente perfilada. Estos rasgos se extendieron en los siglos posteriores hasta Oriente, donde poco a poco experimentaron otros cambios, sobre todo por el encuentro con tradiciones chinas.

Además de en pinturas, esculturas y relieves, el arte religioso está representado en el dominio de la Ruta de la Seda sobre todo por pinturas murales, que destacan el predominio trascendente de Buda en un espacio perceptible físicamente. Más aún que las pocas construcciones existentes de monasterios, las innumerables grutas de culto transmiten incluso hoy una impresión viva de la piedad que había en la Antigüedad y en la Edad Media. Esto es especialmente cierto para algunos lugares que sirvieron antiguamente como retiros del mundo en las zonas periféricas del Gobi y del Takla Makan. Las superficies decoradas suman unos 45.000 metros cuadrados dentro de las casi quinientas «cuevas» conservadas de Dunhuang, que en 1987 fueron declaradas por la UNESCO Patrimonio Cultural de la Humanidad.

Las representaciones que allí se encuentran –así como en Kizil y Turfán– no son solo significativas como testimonio de una religiosidad profundamente

7. Arte e ingenio

Figura 17. Caravana cargada subiendo una montaña. (Dibujo de una pintura mural de Dunhuang).

sentida; muy interesantes son en especial aquellos motivos que procuran además un conocimiento de la vida cotidiana y permiten reconstruir las condiciones sociales y las circunstancias históricas nada menos que para un periodo de unos mil años. Solo la conquista por los mongoles y la propagación del islam, enemigo por principio de las imágenes, supusieron su final.

Junto a Buda, a los bodhisattvas, a sus discípulos y a todo tipo de seres celestiales, en las pinturas se conservaron retratos de donantes y soberanos. Especialmente elocuentes son los retratos de aquellos personajes que lamentan la marcha de Buda, cuya expresión de dolor en sus rasgos faciales están caracterizados en ocasiones muy expresivamente. Pero, por encima de todo, las diversas fisonomías y vestimentas que se muestran pueden transmitir una idea de la variedad étnica existente en la Ruta de la Seda; las condiciones de vida concretas de estas personas están ilustradas por un amplio espectro de temas profanos que va desde lo escarpado de las montañas hasta la inaccesibilidad de los desiertos, del cultivo en los oasis a las caravanas, de la caza a la ejecución musical, de la preparación de alimentos a la higiene corporal.

Pero no solo las grutas budistas y las celdas monacales estaban decoradas con pinturas murales; también los lugares de culto de maniqueos y nestorianos. Algunas grutas fueron utilizadas luego por distintas comunidades religiosas, y por ello nos facilitan una cronología relativa de las diversas actividades misioneras.

Minaretes y miniaturas

En Sogdiana se aplicaban los colores sobre una base seca, como en Xinjiang. En Pendshikent, las imágenes no decoraban las celdas de los monjes apartados del mundo, sino el palacio del soberano, los templos y las mansiones de ciudadanos potentados. Los motivos religiosos, de los que una parte han de adscribirse al zoroastrismo, también se destacaron en el entorno privado por su formato y emplazamiento. En cambio, quedaban relegadas las escenas profanas, los banquetes festivos, las cacerías y las escenas de batallas.

Bajo el islam, en expansión a lo largo de la Ruta de la Seda, no se cortaron de inmediato todas las posibilidades de propagación a las demás religiones, pero la reproducción de motivos antropomórficos y zoomorfos despertaba las iras de los nuevos señores del territorio entre el Amu Daria y el Sir Daria: por una parte, porque los seguidores del Profeta veían en los «ídolos» una intolerable propaganda contra sus principios, y por otra, porque tenían que aplicar una doctrina que en gran medida estaba decididamente contra las imágenes. Los expertos en derecho suníes y chiíes estaban de acuerdo en que había que extender la prohibición de la representación divina incluso a la representación de hombres y animales. Al menos en la ornamentación de edificios oficiales, esta prohibición en general se respetó.

Este es uno de los motivos esenciales por los que poco a poco la caligrafía y los motivos ornamentales se prefirieron a otras formas de expresión artística en la decoración de mezquitas, madrasas y monumentos funerarios. La arquitectura vivió un especial florecimiento en Bujara y Samarcanda, lo cual se manifestó especialmente en complicados patrones de ladrillos, a los que el juego de luces y sombras prestaba vida, pero, sobre todo permitían revestimientos de grandes superficies con azulejos vidriados para llevar la atención hacia cúpulas y fachadas, ya que la brillantez y ostentación era una de las metas esenciales de Tamerlán, que quería mostrar su dominio no solo con sangrientas campañas, sino también con colosales programas constructivos.

Una fuente persa del siglo XV describe expresivamente una mezquita, erigida en Samarcanda bajo el control del verdugo y mecenas, y que recibió el nombre de Bibi Chanum, su «favorita». En la capital del

Imperio fueron convocados en 1399 arquitectos, artesanos y artistas «de todos los rincones de la tierra», aunque evidentemente no todos acudieron por su propia voluntad. Además, para el transporte de los bloques de piedra se trajeron ex profeso 95 elefantes de la India. En todo caso, el resultado de estos esfuerzos era visible:

> La cubierta descansa sobre una armadura que soportan 480 columnas de piedra tallada, [... y] el maravilloso suelo está cubierto de placas de mármol cortadas y pulidas. [...] La cúpula bien podría ser única si no existiera la bóveda celeste; único en su especie sería también el arco de Iwan [un espacio cerrado de tres lados con cúpula de cubo], si no fuera aventajado por la Vía Láctea. Unidos a la fachada de color se alzan minaretes en las cuatro esquinas, alzando sus torres al cielo. [...] Las paredes del espacio de la cúpula están cubiertas de placas pétreas en las que se ha cincelado la caligrafía.

A pesar de la prohibición de las imágenes, con Tamerlán resurgió de nuevo la representación de hombres y animales: en pequeño tamaño y a la mayor altura, como muestran las miniaturas e ilustraciones en libros, realizadas predominantemente por artistas que el monarca se hacía traer como prisioneros de las tierras conquistadas por sus tropas. Junto a la influencia persa dominante, también se filtraban en la pintura elementos del lenguaje de formas y de color propio de los mongoles, y algunas hojas permiten reconocer sin ninguna duda influencias de modelos chinos.

7. Arte e ingenio

Ya antes se habían contado los libros entre los bienes que proporcionaban prestigio a la residencia del soberano. Así, hacia finales del siglo X, la biblioteca del palacio de Bujara constaba de varias estancias en las que se guardaban los libros en sus correspondientes arcones, según un sistema orientado a la clasificación de los diversos géneros y dominios del saber. El bazar de libros de la ciudad debió de haber sido impresionante. Con ello se creó el ambiente necesario para que floreciera la erudición, además del arte.

De sus escritos sobre medicina y filosofía se nutrió Ibn Sina, nacido no lejos de Bujara en el año 980 y cuya fama llegó hasta Europa con el nombre latinizado de Avicena. Y de una comarca que hoy pertenece a Uzbekistán procedía su contemporáneo al-Biruni, cuyo interés por lo científico iba desde la astronomía hasta la mineralogía. A él debemos la relevante *Descripción de la India,* trascendental en aquella época. El impacto más decisivo sobre el mundo de la ciencia de Occidente lo tuvo Mohamed ibn Musa al-Juarismi, un matemático nacido no lejos del Amu Daria. De su nombre deriva el del «algoritmo», y además, el título de uno de sus libros, que modificado ha dado lugar a la denominación de una importante parte de la disciplina, el álgebra.

Papel e impresión

Para la propagación de una doctrina religiosa y el intercambio de conocimientos científicos son realmente ineludibles formulaciones exactas y exposiciones precisas. Por ello debe de haber supuesto un enorme efecto de empuje la fijación por escrito en un medio sólido y barato como es el papel. Hasta la época Han, en China se empleaban para escribir láminas de bambú y seda, pero uno de estos materiales resultaba complicado para almacenar grandes cantidades de información, y el otro era demasiado caro.

La historiografía supone que fue el eunuco Cai Lun –que era director de las oficinas imperiales en el año 105 d. C.– quien presentó por primera vez un procedimiento para fabricar papel. Sin embargo, la datación exacta del invento con referencia a este acontecimiento no es correcta. Es probable que entonces se introdujera en la corte solo un método de fabricación más ingenioso, pues el papel producido a partir de fibra vegetal –en especial de cáñamo– está atestiguado por hallazgos arqueológicos ya en época anterior a Cristo. Pero no por ello hay que agradecer menos al afán de experimentación y a la curiosidad de Cai Lun que el material gozara de creciente popularidad a partir del siglo II d. C.

Después, el procedimiento no dejó de perfeccionarse. Además de variedades en las que la pasta de la que se fabricaban los pliegos en capas era esencialmente de fibra de morera o bambú, había mezclas a las que se añadían restos de materiales triturados. Se disponía así de un soporte de escritura que no solo era fácil, sostenible, absorbente y barato, sino que además se podía enrollar, doblar y cortar.

Probablemente hacia finales del siglo VII, el conocimiento de la fabricación del papel llegó a la India y poco después a Asia central. La transmisión se facilitó como consecuencia del correspondiente *know-how* de los artesanos que las tropas árabes se habían llevado como prisioneros a Samarcanda en el año 751, tras la victoria contra un ejército chino. Según el estado actual de los conocimientos, hay que retrasar un poco la fecha. Pero lo que sigue estando claro es que la técnica se extendió pronto a toda la zona de influencia islámica, y desde allí llegó con un retraso considerable a la Europa cristiana meridional y central.

Posiblemente no hubo ningún invento llegado a Occidente desde China que en el transcurso de la historia fuera tan influyente como el papel. Apenas detrás está otro invento que también se tradujo en la mejora de la comunicación: la imprenta. Ya mucho antes de su aparición se podían reproducir textos e imágenes por medio de la inscripción en piedra y de sellos, pero se logró reproducir textos mayores solo con el empleo de bloques de madera en los que los caracteres estaban tallados en relieve en la cara opuesta. Desde el siglo VII sobre todo se reprodujeron mediante planchas de impresión textos religiosos, calendarios y octavillas. En época posterior se añadieron discusiones filosóficas y enciclopedias, y a partir del siglo XI también un producto completamente nuevo, pero que pronto se necesitó en gran cantidad: el papel moneda. Solo poco después apareció el uso de letras móviles, que al principio se realizaban en cerámica, luego en madera y finalmente en cobre.

No se llegó, sin embargo, a abandonar totalmente la impresión mediante bloques de madera, debido en primer lugar a las particularidades de la escritura china, que, a diferencia de los alfabetos árabe o latino, habría hecho necesario disponer de un gigantesco repertorio de tipos con varios miles de signos diferentes. Solo a través del dominio mongol se transmitió a Occidente la técnica de la imprenta. Al menos para la zona árabe esto es indiscutible. Con relación a Europa, en cambio, no se excluye un desarrollo independiente, aunque la cronología no lo hace muy probable.

Transmisión de conocimientos

Una fuente árabe del siglo X permite entrever qué progreso debe de haber representado la imprenta frente a la copia manual. En esa fuente se describe una experiencia de Mohamed ibn Zakariya al-Razi (Rhazes, en latín), un médico muerto en el 925 cuya obra se tradujo en parte al latín y que por ello era bastante apreciado en Occidente. Dice lo siguiente:

> Un sabio chino me visitó en mi casa. Permaneció alrededor de un año en la ciudad [Bagdad] y alcanzó en cinco meses un alto nivel en el empleo de la lengua y la escritura árabe. Un mes antes de regresar a su tierra me dijo: «Pronto voy a partir, pero agradecería que alguien me pudiera dictar los dieciséis libros de Galeno [el más importante médico de la Antigüedad tardía]». A mi objeción de que en tan corto espacio de tiempo podía copiarse en el mejor de los casos nada más que una pequeña parte, respondió:

7. Arte e ingenio

«Os ruego que me reservéis para dictar [el texto] toda la obra para el tiempo que resta hasta mi partida. Veréis como mi escritura es más rápida que vuestra lectura». Y así, le traje [la obra de] Galeno tan pronto como fue posible junto con un discípulo. De hecho, fue aún más hábil de lo imaginado. Como dudábamos de la corrección de lo escrito, comparamos los contenidos y comprobamos que todo era correcto.

Es muy dudoso que entonces se realizara una versión china de los escritos de Claudio Galeno, traducidos solo unos decenios antes del griego al árabe. Lo que resulta concluyente, sin embargo, es la sola circunstancia de que la velocidad en la escritura del extranjero provocó más admiración que su curiosidad científica. Por lo demás, faltan datos que podrían permitir reafirmar esta información o desecharla. Al menos en el Imperio del Centro no dejó huellas claras la sistematización de la medicina que Galeno había desarrollado ya en el siglo II d. C.

En otros ámbitos, el origen y la transmisión se pueden reconstruir con claridad o al menos fecharse con relativa exactitud. Este es el caso del compás, por ejemplo. Es cierto que la propiedad del hierro imantado de marcar la dirección, que en China ya era conocida desde antes de la era cristiana, al principio la usaban solo los geomantes para determinar lugares idóneos donde situar los enterramientos. Hasta el siglo XI no es posible fijar con alguna seguridad el empleo de un instrumento derivado para la orientación en el mar. Al menos ya no provocaba asombro en una descripción que se remonta a principios del siglo XII y que se refiere a la región en torno a Cantón:

> Con las aguas cercanas a la costa están familiarizados los prácticos. De noche se orientan por las estrellas, de día por el sol. Cuando hay mal tiempo se sirven de la aguja que apunta al sur. Además emplean un cable de remolque de unos treinta metros, con un gancho en el extremo. Pues también por el aspecto y el olor de las muestras que se toman del fondo del mar pueden los prácticos determinar la posición.

Probablemente ya se empleaba entonces una aguja metálica magnetizada por el procedimiento de la termorremanencia; la aguja flotaba en un líquido, mantenida en la superficie mediante corcho o madera. Desde China, el compás llegó al mundo persa y árabe así como a Occidente en el transcurso de los siglos XII y XIII. En Europa, el invento se continuó desarrollando con rapidez, y de la combinación de la aguja magnética y la rosa de los vientos surgió la brújula: un compás seco que acabó por extenderse en la dirección opuesta; llevada por las potencias marítimas occidentales, hacia mediados del siglo XVI apareció en el Imperio del Centro.

Pasó mucho tiempo hasta que los europeos se decidieron a adoptar novedades en la construcción de barcos –esto puede decirse en especial del timón y el mamparo–. Habría de transcurrir casi un milenio antes de que en Occidente, más o menos al mismo tiempo que el compás, pudiera imponerse una tecnología que en su función correspondiera aproximadamente a lo

7. Arte e ingenio

que en Cantón ya estaba garantizado por modelos de barco con timón de popa axial en la época Han.

Hasta el siglo XVIII no se introdujo en Europa la subdivisión del casco por varios mamparos separados: paredes de separación que van transversalmente a la línea de la quilla y que lograban que una nave siguiera siendo capaz de flotar incluso con una vía de agua; comenzó a utilizar este sistema la marina británica, que aceptó la sugerencia de un ingeniero que había conocido esta construcción en un largo viaje por China. Otro factor que disminuyó el riesgo fue el aumento de la estabilidad debido a la incorporación de fuertes cuadernas; la estabilidad se vio favorecida también por la colocación de varios mástiles.

La alquimia china persiguió sobre todo dos objetivos estrictamente relacionados entre sí: la prolongación de la vida y el logro de la inmortalidad. De la consecución de esta última no hay ninguna prueba auténtica, lo cual no es de extrañar. Hay que suponer que la toma de elixires, con sulfuro de azufre y mercurio como componentes importantes, tendría a menudo como consecuencia una muerte prematura, y puede haber sucedido que en uno de estos experimentos con drogas, en el siglo IX, se descubriera la pólvora a través de la combinación de azufre, salitre y carbón vegetal.

Relativamente pronto, la pólvora tuvo una aplicación militar. Después de que en un primer momento se utilizase únicamente como encendedor de un lanzallamas, a partir de la dinastía Song se desarrollaron bombas, minas, granadas y cohetes. Los objetos explosivos que con ayuda de catapultas se lanzaban contra las líneas enemigas tenían nombres terroríficos, como «gavilán ígneo de pico de hierro» o «bola que exhala veneno», según muestra un tratado de mitad del siglo XI.

Los daños devastadores que producían estos proyectiles no se debían tanto a una fuerte detonación como al efecto de los ingredientes que se liberaban al explotar. Para la fabricación de este prototipo estratégico químico se necesitaban 30 onzas de salitre, 15 de azufre, 5 de carbón vegetal, 5 de acónito seco, 5 de semillas pulverizadas de crotón, 5 de aceite vegetal, 2 onzas y media de euforbia, 2 onzas y media de resina, 2 de óxido de arsénico, 1 onza de fibra de bambú y 1 de cera de abeja.

La invención de las armas de fuego se remonta al siglo XII, cuando aparecen cañas de bambú rellenas de pólvora y proyectiles, a las que se llama «lanzas vomitadoras de fuego», y cañones que al prenderlos producían un «trueno que estremecía el cielo». Por entonces los mongoles tuvieron que enfrentarse con estos inventos de la técnica artillera china; probablemente hay que atribuirles a ellos, además de a los árabes, la posterior popularización de la pólvora.

Entretanto, en Europa se perfeccionaron rápidamente los conocimientos basados en ella, de modo que los cañones que se construían pronto superaron a sus modelos del Imperio del Centro. Se llegó así a que los muy cultos jesuitas fueran aceptados en la corte de las dinastías siguientes, Ming y Qing, en no poca medida porque a través de ellos se quería llegar a saber las novedades más recientes en la fabricación de armas y en la balística.

Petróleo y opio.
Un epílogo sobre la situación actual

De 1988 a 1997, la UNESCO desarrolló un proyecto titulado «Rutas de la seda. Rutas de diálogo» cuyo objetivo era impulsar el estudio de esta red internacional de comunicaciones y hacerlo de forma interdisciplinaria, por lo que debería incorporar como colaboradores un círculo bastante amplio de especialistas, como geomorfólogos, lingüistas, arqueólogos, historiadores, sociólogos, antropólogos, etnólogos e historiadores de las religiones.

La meta de este proyecto no era únicamente reconstruir el pasado. Se consideraba también estudiar la situación actual en los países que atraviesa la Ruta de la Seda y, llegado el caso, desarrollar planes concretos de futuro. Para ilustrar la continuidad y la variedad de las tradiciones allí establecidas tuvo gran utilidad la inclusión de formas contemporáneas de artes plásticas y figurativas. Además existía el deseo decidido de interesar a un amplio público en los conocimientos que se extrajeran del proyecto.

Como parte esencial del proyecto, la UNESCO propuso varias «expediciones». A pesar de la aventura que a veces suponían las condiciones de viaje por el Gobi o por el océano Índico, estas expediciones eran ante todo conferencias itinerantes a través de las cuales los participantes procedentes de casi cincuenta estados debían animarse a un intercambio duradero de ideas en muchas especialidades. Además servían para explorar posibilidades que podrían conducir a una colaboración más intensa con los estudiosos de los correspondientes países de acogida.

Esto llevó a la fundación de algunos centros cuya función, entre otras, era la de contribuir a la coordinación de los estudios sobre el Asia central (en Samarcanda, Uzbekistán), a la intensificación de la investigación del nomadismo (en Ulán Bator, Mongolia) y al estudio de la ruta marítima (en Fuzhou, China). Para coordinar las actividades que se condensaban en innumerables sesiones y reuniones, se organizaron además cinco programas que abarcaban: *a)* un estudio comparativo de lenguas y escrituras; *b)* el estudio y conservación de caravasares; *c)* las posibilidades de uso para prospección de satélites; *d)* el establecimiento de un corpus de pinturas rupestres en el Asia central; y *e)* la recogida y análisis de tradiciones épicas.

Y finalmente, el «Festival de la Ruta de la Seda», que fue un auténtico éxito en la percepción del público. Distribuido en diversas ciudades, abarcaba exposiciones, conciertos y representaciones teatrales; de ahí surgieron no solo impulsos para aumentar la comunicación entre los artistas de los estados vecinos, sino también para una intensa colaboración. Esto representa *Theaterlandschaften Seidenstrasse* («Paisajes teatrales de la Ruta de la Seda»), que desde entonces tiene lugar en Mülheim del Ruhr, en Alemania, con participación internacional.

Una meta implícita de la UNESCO en este proyecto era aumentar el entendimiento de los pueblos. Desde un punto de vista económico, a este mismo objetivo apuntaron los políticos de unos treinta países que a principios del 2004 firmaron un convenio que habría de dar lugar a una «nueva Ruta de la Seda». Cierto es que del modelo histórico solo una parte mínima está incluida en una red de comunicaciones que ha de abarcar desde San Petersburgo hasta Singapur, con una longitud total de 140.000 kilómetros. Cuando se trate de manera concreta sobre el presupuesto y los plazos temporales se tendrá que mostrar la solidez de la retórica. En todo caso, se ha pensado como fecha más temprana de comienzo el año 2010.

Seguramente no facilita la situación el que una parte considerable de la red de rutas se encuentra en una zona que tras el desmembramiento de la Unión Soviética está controlada por políticos que en su mayoría basan el mantenimiento de su poder en una pérfida mezcla de proteccionismo y nacionalismo. En sus discursos destacan con regularidad el futuro prometedor de paz y prosperidad de la Ruta de la Seda, al igual que estadistas y portavoces de comités occidentales que usan el concepto como sinónimo de globalización. Pero en realidad en lo que están pensando es en más gasoductos y cables de fibra de vidrio que en trazado de caminos. En no escasa medida las formulaciones de convenios como el TRACECA (*Transport Corridor Europe Caucasus Asia*), proyecto de la Unión Europea (1993), o los términos del *Silk Road Strategy Act* de los Estados Unidos (1999) permiten reconocer cómo se ha planteado la intervención occidental en la zona. Además, hasta ahora solo se ha tenido en cuenta de una manera relativa la circunstancia de que en algunas partes de Asia central las reservas de petróleo y gas a largo plazo puedan dar menos fruto del que en principio se supuso. La avidez no disminuye tan pronto; los conflictos de intereses en adelante están servidos.

A lo largo de la Ruta de la Seda hay en la actualidad muchos «barriles de pólvora»; piénsese solo en la explosiva situación de Irak. El peligro potencial no es menor por el hecho de que Turquía aspire a aliarse con aquellos países en los que la lengua oficial es una variante del turco, como por ejemplo en Uzbekistán y Kirguizistán. Por otra parte, Arabia Saudí y Pakistán tratan de unir a los grupos de población musulmanes de Asia central en una red suprarregional de orientación suní.

Y ante esto, China, que querría perfilarse como poder hegemónico, reacciona con la máxima suspicacia ante las actividades de movimientos panturcos o panislámicos, especialmente en Xinjiang, donde sus aspiraciones chocan con tendencias separatistas que no dudan en llevar a cabo atentados con bombas. Las consecuencias son encarcelamientos masivos, procesos públicos y ejecuciones en los que a veces el terrorismo solo proporciona el pretexto para una «intervención radical».

El intento de criminalizar no solo la militancia, sino el llamamiento a la independencia, tiene su propia lógica en un Estado de muchas nacionalidades como China. Cualquier pérdida territorial sería para los responsables de Pekín una ignominia y además un peligro para su legitimidad, tanto en el interior del país –donde la nación se redescubrió como vínculo de unión tras la decepción de otros modelos de futuro prometedor–, como también en el marco internacional, en el que debe afirmar su pretensión de supremacía.

Sobre este fondo debe verse el papel de la SCO *(Shanghai Cooperation Organization),* fundada en 2001, cuya finalidad es lograr una mejor cooperación en la lucha contra el terrorismo. El respeto a los derechos humanos no está en la agenda de este grupo –que en Occidente se conoce mejor con el nombre de *Shanghai Six*–, al que además de China pertenecen Rusia, Uzbekistán, Kazajistán, Kirguizistán y Tayikistán. El riesgo de acabar en prisión es grande en estos países, y los pretextos para ello son fáciles de hallar: los gobernantes de Tashkent declaran sin más ni más «enemigos del Estado» a los disidentes que piensan de otro modo, y se etiqueta como «extremistas religiosos» a aquellos musulmanes que quieren vivir su fe fuera de las mezquitas y madrasas dirigidas por el estado uzbeco. Las denuncias públicas masivas recuerdan a las aberraciones de la era de Stalin.

Este tipo de represalias es seguro que no pueden explicarse solamente por el miedo latente a un islam militante, aunque son muy comprensibles y fundados algunos temores, pues siguen estando aún vigentes las terribles imágenes del Estado teocrático que los talibanes proclamaron en el vecino Afganistán. Es de esperar que este capítulo de la historia se cierre, pero sus consecuencias no son nada despreciables.

Bastante curioso resulta que en este contexto algunos mentores occidentales se rompan la cabeza pensando en el modo más rápido de volver a levantar el colosal Buda derribado en el año 2001 en Bamiyán. Mucho más importante debería ser ir disminuyendo las tensiones existentes entre los distintos grupos de población y desarrollar una nueva perspectiva de estructuras sociales y políticas que de diversas maneras siguen estando dominadas aún por hombres que viven de la guerra. Además, es evidente que hay que desarrollar nuevas fórmulas económicas, ya que las cajas de los *Warlords*, los señores de la guerra, están bien llenas, sobre todo por las ganancias procedentes del tráfico de drogas.

El negocio del opio está en auge, y en tanto no se ofrezca a los campesinos alternativas para su subsistencia, difícilmente se puede cambiar la situación. No vale la ocasional destrucción de cosechas ni la retórica que se aplica en los debates con la comunidad internacional. De hecho, los cultivos han crecido desde la irrupción de los talibanes, y se supone que en el año 2004 se extraerá tanto jugo de las semillas de adormidera que tres cuartas partes del mercado mundial podría abastecerse con la heroína producida. Para la exportación de drogas, como para el transporte de armas, se usan preferentemente las antiguas vías de la Ruta de la Seda, que, en algunos tramos, se parece más a una senda de contrabandistas. ¡Evidentemente, no es la primera vez que esto sucede en la historia!

Bibliografía

Una selección de obras en lenguas occidentales

ASIMOV, Mohamed S., et al. (ed.): *History of Civilizations of Central Asia*. París, 1992-2003.

ANDOUIN-DUBREUIL, Ariane: *Expedition Seidenstrasse*. Múnich, 2003.

BAUER, Wolfgang (ed.): *China und die Fremden: 3000 Jahre Auseinandersetzung in Krieg und Frieden*. Múnich, 1980.

BAUMER, Christoph: *Die südliche Seidenstrasse: Inseln im Sandmeer. Versunkene Kulturen der Wüste Taklamakan*. Maguncia, 2002.

CAMERON, Nigel: *Barbarians and Mandarins: Thirteen Centuries of Western Travelers in China*. Nueva York, Tokio, 1970.

DABBS, Jack A.: «History of Discovery and Exploitation of Chinese Turkestan» *(Central Asiatic Studies* 8). La Haya, 1963.

DILLON, Michael: *Xinjiang: China's Muslim Far Northwest*. Londres, Nueva York, 2003.

DURKIN-MEISTERERNST, Desmond, *et al.* (ed.): «Turfan Revisited: The First Century of Research into the Arts and Cultures of the Silk Road» *(Monographien zur Indischen Archäologie, Kunst und Philologie* 14). Berlín, 2004.

EGGEBRECHT, Arne (ed.): *Die Mongolen und ihr Weltreich.* Maguncia, 1989.

— *China: Eine Wege der Weltkultur. 5000 Jahre Erfindungen und Entdeckungen.* Maguncia, 1994.

ELISSEEFF, Vadime (ed.): *The Silk Roads: Highways of Culture and Commerce.* Nueva York, 2000.

FAROQHI, Suraya: *Herrscher über Mekka: Die Geschichte der Pilgerfahrt.* Múnich, 1990.

FOLTZ, Richard C.: *Religions of the Silk Road: Overland Trade and Cultural Exchange from Antiquity to the 15th Century.* Nueva York, 1999.

FRANKE, Wolfgang: *China und das Abendland.* Gotinga, 1962.

FRASER, Sarah E.: *Performing the Visual: The Practice of Buddhist Wall Painting in China and Central Asia, 618-960.* Stanford, 2003.

FRYE, Richard N.: *The Heritage of Central Asia: From Antiquity to the Turkish Expansion.* Princeton, 1996.

GABAIN, Annemarie von: «Das Leben im Uigurischen Königreich von Qoco, 850-1250» *(Veröffentlichungen des Societas Uralo-Altaica* 6). Wiesbaden, 1973.

GROPP, Gerd: *Archäologische Funde aus Khotan, Chinesisch-Ostturkestan.* Bremen, 1974.

HÄRTEL, Herber y YALDIZ, Marianne: *Die Seidenstrasse: Malereien und Plastiken aus buddhistischen Höhlentempeln.* Berlín, 1987.

HARTMANN, Martin: «Chinesisch-Turkestan: Geschichte, Verwaltung, Geistesleben und Wirtschaft» *(Angewandte Geographie* 3.3). Halle, 1908.

HAUSSIG, Wilhelm: *Die Geschichte Zentralasiens und der Seidenstrasse in vorislamische Zeit*. Darmstadt, 1983.
— *Die Geschichte Zentralasiens und der Seidenstrasse in islamische Zeit*. Darmstadt, 1988.
— *Archäologie und Kunst der Seidenstrasse*. Darmstadt, 1992.
HEDIN, Sven: *Durch Asiens Wüsten*. Leipzig, 1899.
HEIMBERG, Ursula: *Gewürze, Weihrauch, Seide: Welthandel in der Antike*. Waiblingen, 1981.
HIRTH, Friedrich: *China and the Roman Orient: Recherches into their Ancient and Medieval Relations as Represented in Old Chinese Records*. Shanghai, Hong Kong, 1885.
HIRTH, Friedrich y ROCKHILL, William W.: *Chau Ju-Kua: His Work on Chinese and Arab Trade in the 12th and 13th Centuries, Entilted Chu-Fanchi*. San Petersburgo, 1911.
HOPKIRK, Peter: *Die Seidenstrasse: Auf der Suche nach verlorenen Schätzen in Chinesisch-Zentralasiens*. Múnich, 1986.
HUANG, Zu'an (ed.): *Die antike Seidenstrasse*. Pekín, 1987.
HÜBNER, Ulrich; KAMLAH, Jens y REINFANDT, Lucian (ed.): «Die Seidenstrasse: Handel und Kulturaustausch in einem eurasiatischen Wegenetz» *(Asien und Afrika* 3). Hamburgo, 2001.
IERUSALIMSKAJA, Anna A. y BORKOPP, Birgitt: *Von China nach Byzanz: Frühmittelalterliche Seiden aus der Staatlichen Ermitage Saint Petersburg*. Múnich, 1996.
JULIANO, Anette L. y LERNER, Judith A. (ed.): *Monks and Merchants: Silk Road Tresures from Northwest China*. Nueva York, 2002.
KALTER, Johannes y PAVALOI, Margareta (ed.): *Erben der Seidenstrasse: Usbekistan*. Stuttgart, 1995.
KELLER, Dominik y SCHORTA, Regula (ed.): «Fabulous Creatures from the Desert Sand. Central Asian Woolen Textiles from the 2nd Century BC to the 2nd AD» *(Riggisbergerberger Berichte* 10). Riggisberg, 2001.

KEYES, Donald D.: *From Desert and Oasis: Arts of the People of Central Asia*. Atenas, 1998.

KIECHEL, Samuel: *Bericht und Beschreibung meiner gethanen Reys*. Adaptación de Hartmut Prottung: *Die Reisen des Samuls Kiechel 1885-1889*. Múnich, 1987.

KIESCHNICK, John: *The Impact of Buddhism on Chinese Material Culture*. Princeton, 2003.

KLIMKEIT, Hans-Joachim: *Die Begegnung von Christentum, Gnosis und Buddhismus an der Seidenstrasse*. Opladen, 1986.

— *Die Seidenstrasse: Handelsweg und Kulturbrücke zwischen Morgen-und Abendland*. Colonia, 1988.

— (ed.): *Japanische Studien zur Kunst der Seidenstrasse*. Colonia, 1988.

KNOBLOCH, Edgar: *Monuments of Central Asia. A Guide to the Archaeology, Art, and Architecture of Turkestan*. Londres, 2001.

KUHN, Dieter (ed.): *Chinas goldenes Zeitalter: Die Tang-Dynastie (618-907 n. Chr.) und das kulturelle Erbe der Seidenstrasse*. Heidelberg, 1993.

KURITA, Isao: *Gandharan Art*. Tokio, 2003.

LATTIMORE, Owen y Eleanor: *Silk, Spices and Empire*. Nueva York, 1968.

LE COQ, Albert: *Auf Hellas Spuren in Ostturkestan*. Leipzig, 1926.

LEGG, James: *A Record of Buddhistic Kingdoms Being an Account by the Chinese Monk Fa-Hien of his Travels in India and Ceylon*. Oxford, 1886.

LI HIAN (ed.): *The Glory of the Silk Road: Art from Ancient China*. Dayton, 2003.

LIEU, Samuel N. C.: *Manicheism in the Later Roman Empire and Medieval China: A Historical Survey*. Manchester, 1985.

LIU XINRU: *Ancient India and Ancient China: Trade and Religious Exchanges AD 1-600*. Delhi, 1988.

MÜNKLER, Marina: *Erfahrung des Fremden. Die Beschreibung Ostasiens in den Augenzeugenberichten des 13. und 14. Jahrhunderts*. Berlín, 2000.

NEEDHAM, Joseph (ed.): *Science and Civilisation in China*. Cambridge, desde 1954.

NING Qiang: *Art, Religion, and Politics in Medieval China: The Dunhuang Cave of the Zhai Family*. Hawai, 2004.

OTAVSKY, Karel (ed.): «Entlang der Seidenstrasse: Frühmittelalterliche Kunst zwischen Persien und China in der Abegg-Stiftung» *(Riggisberger Berichte* 6). Riggisberg, 1998.

PEGOLOTTI, Francesco Balducci: «Libro di divertimenti di paesi». Traducción y edición de Henry Yule y Henry Cordier, en: *Cathay and the Way Thither* (tomo 3, *Hakluyt Society* II, 37). Londres, 1914.

PLANO CARPINI, Johanes von: *Historia Mongolorum*. Traducción y notas de Felicitas Schmieder: *Kunde von der Mongolen 1245-1247* (Fremde Kulturen in alten Berichten *Fremde Kulturen in* 4). Sigmaringen, 1997.

POLO, Marco: *Divisament du monde*. [Traducción y edición de A. C. Moule & Paul Pelliot: *The Description of the World*. Londres, 1938] [trad. cast.: *Libro de las maravillas;* Madrid, Alianza, 2002].

PORDENONE, Odorich Von: *Relatio*. [Traducción y edición de Volker Reichert: *Die Reise des seligen Odorich von Pordenone nach Indien und China.]* Heidelberg, 1987.

PTAK, Roderich y ROTHERMUND, Dietmar (ed.): «Emporia, Commodities and Entrepreneurs in Asian Maritime Trade» *(Beiträge zur Südasienforschung* 141). Stuttgart, 1991.

REICHERT, Folker E.: «Begegnungen mit China: Die Entdeckung Ostasiens im Mittelalter» *(Beiträge zur Geschichte und Quellenkunde des Mittelalters* 15). Sigmaringen, 1992.

RHIE, Marylin Martin: «Early Buddhist Art of China and Central Asia» *(Handbuch der Orientalistik* 12.2). Leiden, 2002.

RICHTSFELD, Bruno J.; NEWID, Mehr-Ali y KAZUKO ONO (ed.): *Kunst des Buddhismus entlang der Seidenstrasse.* Múnich, 1992.

ROSSABI, Morris: *China and Inner Asia: From 1368 to the Present Day.* Londres, 1975.

RUBRUK, Wilhelm Von: *Itinerarium.* [Traducción y edición de Friedrich Risch: *Reise zu den Mongolen 1253-1255.*] Leipzig, 1934.

SCHAFER, Edward H.: *The Golden Peaches of Samarkand: A Study of T'ang Exotics.* Berkeley, Los Ángeles, 1963.

SCHLAGETER, Jürg: *Zentralasien: Von Marx zu Mohamed.* Berlín, 2003.

SCHMIEDER, Felicitas: «Europa und die Fremden: Die Mongolen im Urteil des Abendlandes von 13. bis 15. Jahrhundert» *(Beiträge zur Geschichte und Quellenkunde des Mittelalters* 16). Sigmaringen, 1994.

SIEVERS, Eric W.: *The Post-Sowjet Decline of Central Asia.* Londres, 2003.

SINOR, Denis (ed.): *The Cambridge History of Early Inner Asia.* Cambridge, 1990.

STAHLBERG, Sabira: «Der Gansu-Korridor: Barbarenland dieseits und jenseits der Grossen Chinesischen Mauer» *(Orbis* 8). Hamburgo, 1996.

STEIN, Aurel: *Ancient Khotan.* Londres, 1907.

STEINBACH, Udo y VON GUMPPENBERG, Marie-Carin (ed.): *Zentralasien: Geschichte, Politik, Wirtschaft. Ein Lexikon.* Múnich, 2004.

TANABE, Katsumi: *Silk Road Coins: The Hirayama Collection.* Kamakura, 1993.

TEMPLE, Robert K. G.: *Das Land der fliegenden Drachen: Chinesische Erfindungen aus vier Jahrtausenden.* Bergisch Gladbach, 1990.

TRACY, James D. (ed.): *The Rise of Merchant Empires: Long-Distance Trade in the Early Modern World*. Cambridge, 1990.
TUCKER, Jonathan: *The Silk Road: Art and History*. Chicago, 2002.
TURNER, Paula M.: «Roman Coins from India» *(Royal Numismatic Society Special Publication* 22). Londres, 1989.
WENZEL, Marian: *Echoes of Alexander the Great: Silk Route Portraits from Gandhara*. Londres, 2000.
WHITFIELD, Susan: *Life along the Silk Road*. Berkeley, Los Ángeles, 1999. [Trad. cast.: *La vida en la ruta de la seda,* Barcelona, Paidós, 2000].
— *Aurel Stein on the Silk Road*. Londres, 2004.
— (ed.): *The Silk Road: Trade, Travel, War and Faith*. Londres, 2004.
WOOD, Frances: *The Silk Road: Two Thousand Years of Asia*. Berkeley, 2002.
WRIGGIN, Sally Hovey: *The Silk Road Journey with Xuanzang*. Boulder, 2004.
ZIEME, Peter (ed.): *Turfanforschung*. Berlín, 2002.

Cronología

Época	Mediterráneo oriental	Asia occidental y meridional
ss. II a. C.- I d. C.	Luchas entre romanos y partos (dinastía arsácida). Bajo el emperador Augusto, Egipto se convierte en provincia romana.	La guerra contra Roma trae la decadencia de los seléucidas (312-64 a. C.). Entre el Amu Daria y el Ganges surge el reino de Kushán (ss. I-III/IV d. C. aprox.).
ss. II-III	Guerras de Roma contra los arsácidas (s. II) y sasánidas (s. III).	Apogeo del reino de Kushán; establecimiento de la dinastía sasánida (224-651) en Persia.
ss. IV-V	Expansión de los hunos; migración de pueblos. Nace el Imperio bizantino (395-1453) con capital en Constantinopla.	Los sasánidas firman en el oeste la paz con Roma y conquistan en el este los dominios del reino de Kushán.

Época	Mediterráneo oriental	Asia occidental y meridional
ss. V-VII	Los lombardos invaden Italia (569). Los sasánidas derrotan a Bizancio y ocupan Damasco y Jerusalén (s. VII).	Con la hégira de Mahoma comienza la cronología islámica (622). Los omeyas musulmanes (661-750) sustituyen a los sasánidas. Ataque de China contra Transoxiana.
ss. VIII-IX	Dinastía macedonia (867-956): apogeo del Imperio bizantino; conquista de Creta y Chipre.	Los abasíes vencen a los omeyas y hacen de Bagdad su capital.
ss. X-XI	Pérdidas territoriales del Imperio bizantino contra los seléucidas. Primera Cruzada (1096-1099).	Los buyíes chiíes detentan el poder en el imperio califal (Irán/Irak). Desde el s. XI, Imperio de los seléucidas.
ss. XII-XIII	Los mongoles de la Horda Dorada avanzan hasta Polonia, Hungría y Austria (1241).	Reinos parciales de la Horda Dorada: kanato de Kipchak (1243-1503) e Ilkanato (1249-1411).
ss. XIV-XV	Lo otomanos conquistan Constantinopla (1453).	Tamerlán conquista Anatolia, Georgia (1388-1391) y los territorios de la Horda Dorada (1395), entre otros.

Época	Mediterráneo oriental	Asia occidental y meridional
ss. XVI-XVII	Los otomanos conquistan Venecia y Creta (1645-1669) y luchan contra Rusia.	Los safávidas (1501-1722) en Persia; apogeo de su poder con el sha Abbas (1588-1629).
s. XVIII	Pérdidas territoriales de los otomanos frente a los Habsburgo (1718) y derrota frente a Rusia (1768-1774).	Pedro el Grande derrota a los safávidas (1722) y ocupa grandes comarcas en el mar Caspio; Rusia crea la provincia del Cáucaso; concesiones a Gran Bretaña.
s. XX	Fin del Imperio otomano; fundación de la República de Turquía (1923) y de numerosos Estados nuevos.	Monarquía constitucional (1921) y República Islámica (1979) en Irán. Unión Soviética (1917-1991).

Época	Asia central	Asia oriental
ss. II a. C.-I d. C.	Expansión china en occidente; conquista de la cuenca del Tarim (56 a. C.). Ampliación de la Gran Muralla. Enfrentamientos entre los xiongnu y la China Han por el dominio de Asia central.	Dinastía Han del Oeste (206 a. C.-9 d. C.) en China. Política expansiva del emperador Wu (141-87 a. C.). Interregno de Wang Mang (9-23 d. C.). Dinastía Han del Este (23-200 d. C.).

Época	Asia central	Asia oriental
ss. II-III	Victorias chinas sobre los xiongnu; dominio temporal en la cuenca del Tarim.	División de China en tres imperios: en el norte, la dinastía Wei (220-265); breve unificación bajo la dinastía Jin del Oeste (265-316).
ss. IV-V	Fundación de Gaochang (439).	División de China en las llamadas Dinastías del Sur y del Norte (420-589). Control del norte por los tuoba.
ss. V-VII	Turcos orientales en el valle del Orjón; los occidentales en el Altái. Ofensiva de los Tang para asegurar las rutas comerciales de Asia central.	Dinastía Sui (581-617): unificación del Imperio. Dinastía Tang (618-907).
ss. VIII-IX	Victoria de los abasíes sobre los Tang en el río Talas, actual Kazajistán (751). Los uigures fundan Kosho (840).	La capital del Imperio Tang, Chang'an, es un centro cosmopolita con más de un millón de habitantes.
ss. X-XI	En el noroeste de China se establecen los tangut y fundan la dinastía Xia (1038-1227).	Cinco dinastías (908-959); dinastía Song del Norte (960-1126). Desde el s. XI amenaza de los kitan (dinastía Liao, 937-1125) y los tangut.

Cronología

Época	Asia central	Asia oriental
ss. XII-XIII	Gengis Kan establece el «Imperio mundial mongol». Tras su muerte (1227) surgen cuatro imperios parciales (kanatos), entre ellos el de Chagathai, en Asia central.	Expansión de los yurchen (dinastía Jin, 1115-1234). Dinastía Song del Sur (1127-1279). Nacimiento de la dinastía Yuan (1280-1367) a partir del kanato mongol del Este.
s. XIV-XV	Tamerlán conquista Kashgar. Su imperio limita al oeste con el Bósforo y al sur con la India. En el Orjón derrotan temporalmente a los oirates.	Reconquista china; dinastía Ming (1368-1644). Expediciones marítimas de Zheng He (1405-1433); llega al África oriental.
ss. XVI-XVII	Lucha por el dominio del este de Asia central. Los zungaros ocupan la cuenca del Tarim (1678-1679).	Dinastía Qing (1644-1911) de los manchúes. Relaciones diplomáticas con Rusia (fines del XVII).
s. XVIII	Conquista de la cuenca del Tarim por la dinastía Qing; incorporación definitiva al imperio como «nuevos territorios» (Xinjiang).	Máxima extensión del Imperio chino en la historia. Enfrentamiento con las potencias coloniales occidentales; derrota de los Qing en las dos Guerras del Opio (s. XIX).

Época	Asia central	Asia oriental
s. XX	Independencia de los estados de Uzbekistán, Kazajistán, Kirguizistán y Tayikistán tras la caída de la Unión Soviética (1991).	Caída de la dinastía Qing y proclamación de la República (1911); fundación de la República Popular China (1949).

Índice onomástico

abasíes, dinastía, 52, 89, 103, 170, 172
Abbas I, sha safávida, 171
Adén, 39
Afganistán, 9, 34, 42, 68, 122, 141, 160
África,
 norte de, 18, 34, 102, 104, 127
 oriental, 38, 84, 104, 173
Aksu, 32
al-Biruni, 147
al-Juarismi, Mohamed ibn Musa, 147
al-Razi, Mohamed ibn Zakariya (Rhazes), 150-151
Alashan, meseta, 32
Alemania, 27, 55, 58, 60, 63, 91, 157
Alepo, 33
Alpes, 34
Altái, 19
Amarillo, río, *véase* Huang He
Amitabha, Buda, 122
Amu Daria (Oxus), 27, 33, 41, 94, 126, 136, 145, 147, 169
Anastasio I, emperador bizantino, 112
Anatolia, 170
Ancona, 111
Andamán, islas, 38
Antioquía (Antakya), 34
Antonino Pío, emperador romano, 111
Anxi, 32
Apulia, 111
Arabia, 35-37, 39-40, 52, 64-65, 69, 84, 108-109, 129, 135-136, 149-152, 154, 158
Arabia, mar de, 34, 39
Arabia Saudí, 20
Aral, mar de, 28, 49
Ardashir II, rey sasánida, 112
Armenia, 19, 35, 68, 87
arsácidas, dinastía, 169
Asia, 12, 22, 40, 50, 52-53, 58, 87, 111, 114, 133
 central, 27-28, 43, 47, 49, 67, 71, 73, 79-80, 93, 105, 118, 126, 136, 149, 156, 158, 171-174
 occidental, 27-28, 38, 102, 116, 126, 140, 169-171
 oriental, 18, 27, 38, 40, 43-44, 47, 127, 131, 133, 171-174

175

Sudeste Asiático, 37, 71, 96, 122
sur, 27, 169-171
Astracán, *véase* Gittarchan
Atlántico, océano, 127
Aurelio Agustino, 129
Austria, 170
Avalokiteshvara, *véase* Guanyin
Avesta, 125
Avicena, *véase* Ibn Sina
Azerbaiyán, 19, 28, 35, 68

Babilonia, 87
Bactriana, 42, 64
Bagdad, 27, 33, 89-90, 150, 170
Bali, 120
Balkh, 131
Báltico, mar, 35, 91
Bam, 22
Bamiyán, 141, 160
Bangladesh, 68
Baoji, 32
Barthus, Theodor, 58
Baviera, 47
Beirut, 27
Bengala, golfo de, 34, 38, 44, 46
Berlín, 58, 60, 63
Bibi Chanum, mezquita, 145-146
bizantino, Imperio, 80, 85-87, 111-112, 169-170
Boran, reina sasánida, 112
Borneo, 104, 108-109
Bósforo, 80, 110, 173
Brabante, 47
Buda, 46, 73, 84, 115, 123-125, 128, 139-140, 142-143, 160
   Amitabha, 122
   Maitreya, 122
budistas, 49, 54, 58, 66, 69-70, 77-78, 96, 120-124, 127-128, 132, 136-137, 141, 144
   en China, 11, 42-46, 57, 122-123, 132, 134, 139-141
   Hinayana, 121
Mahayana, 121, 139
Theravada, 121, 139
Buena Esperanza, cabo, 52
buguineses, 68, 96
Bujara, 33, 53, 137, 145, 147
Burdeos, 41
buyíes, pueblo, 170

Cai Lun, 148
Calicut, 39
Camboya, 68, 108-109, 120
Campania, 47
Canción de la nieve, 21
Cantón, 37, 52, 152-153
Caspio, mar, 23, 28, 35, 49, 171
Castilla, 47
Cáucaso, 19, 69
   provincia rusa, 171
Cecaumeno, 86
Ceilán (Sri Lanka), 38, 44, 68, 84, 109
Cen Can, 21
Chagatai, kanato, 173
Champa, 38
Chang'an (Xi'an), 27, 31-32, 43, 45, 126, 131, 138-140, 172
chiíes, 145, 170
China, 12-13, 19-22, 26, 28, 34, 39-41, 49-51, 58, 64-69, 71, 73, 76, 78, 80, 83, 90, 94, 99-101, 107, 109-110, 112-113, 127-129, 138, 142, 146, 149-150, 156, 159, 170
   budismo 11, 42-46, 57, 122-123, 132, 134, 139-141
   confucianismo, 70, 81, 116, 120, 124-125, 134-135
   cristianismo, 70, 130-133
   Gran Muralla, 32, 82, 171
   Imperio del Centro, 30, 37-38, 52, 63, 70, 82, 84-85, 96, 104-106, 111, 115, 117, 122, 126, 130, 136, 151-152, 154
   islamismo, 37, 52-54, 77, 133-136, 158